天下文化
BELIEVE IN READING

如何跟上變化多端的世界

洪蘭——著

目錄

教之聲

養之思

學之道

思之辨

自序

變或不變？怎麼變？

我小時候師長的教誨是人要堅持不變，「富貴不能淫，貧賤不能移，威武不能屈」，到最後蓋棺論定，才算完結一生，若中途變節，會被世人瞧不起。但是出社會後，發現見到的「變」比「不變」的多，比如說，幾乎所有的官員換了位子就換了腦袋。清朝詞人納蘭性德曾感嘆的說：「等閒變卻故人心，卻道故人心易變」，希臘哲學家赫拉克利特（Heraclitus）更說：「世界上唯一不變的只有變」（There is nothing permanent except change），這個矛盾令我很困惑，如果滄海都會變桑田，天下就沒有不變的東西，那麼為什麼古德要叫我們守成不變呢？

尤其現在網際網路的發達和手機的普遍使我們每天睜開眼睛就目睹全世界的變，而且昨是今非，變的飛快。例如二〇二〇年疫情暴發，公司學校改在家裡上班上學，原本的工作方式一夕突變，大家手忙腳亂的學習如何用Zoom溝通，但是不到三年，Zoom公司竟宣布裁員一千三百人，谷歌、微軟也宣布裁員一萬兩千人，變的跟川劇變臉一樣快。這種速度令人焦慮不安，因為跟不上便會被淘汰，導致現在看身心科的人數激增。這種恐懼感是潛意識的，我在美國念書時，常作一個惡夢，夢到跟同學去爬山，因為鞋帶鬆了，我蹲下來綁鞋帶，想不到才一分鐘我站起來時，所有人都走光不見了，整個山就剩我一個人，嚇的我立刻驚醒。

這個不安全感後來變成鞭策自己的力量，知道不能跟著人家走，要變成人家跟著我走才行。這個恐懼一直到讀達爾文的《進化論》，發現他說：「能夠生存下來的不是最強壯的，也不是最聰明的，而是最能對變化做出反應的物種」，才了解原來變才是宇宙的道理，但是如何變，其中還有更深的道理。

改變並不是一件容易的事，因為人喜歡舒適圈，對改變有抗拒力，英文也有「如果沒有壞就不要去修它」（If it ain't broke, don't fix it.），但是時代在變，不跟著變，便被淘汰。那麼怎麼樣才能讓自己心甘情願的去改變呢？本書講述的就是人如何改變思維來適應新情境的一些研究。

世界上大部分的變化是漸進的，在不知不覺中發生的，我們常常感受不到，但是等到感到時，往往已經來不及了。這個感知的關鍵在細膩的觀察力和周延的思考力。這兩點都跟背景知識有關，因為大腦看不見它不知道的東西，而不知道，當然便不會去思考了。

神經科學的研究發現知識必須主動搜尋才會進入大腦，被動的學習無效，因為它不會造成神經連接的改變，因此改變的重點便落在動機的啟發上。一個人開竅了沒有從外表上看不出來，因為智慧是大腦整體的表現，不是哪個地方改變了，他就聰明了，但是有一個方式可以知道，就是當孩子開始反思一句話合不合理的時候，比如說，學生碰到挫折，被勸告忍耐，退一步海闊天空，假如他提出反對意見：「老師，隨遇而安是不對的，你不為自己爭權利，沒有人會替你爭」、「為什麼一樣是人，他可以做，我卻不能？這個差別在哪裡？」這時他的思考力出現了，開竅了。

其實該不該忍耐的前提是主控權，這件事是否操之在我，如果不是，只能忍耐，因為憤怒傷肝，憂慮傷肺，硬去爭，受害的是自己；但是如果有主控權，那麼一定要盡全力去做，這樣即使失敗也不會遺憾。也就是說，當孩子能夠反思時，他就朝改變邁出了第一步。

現在每個國家、每個公司，甚至每個學校都在推創意，但是創造力不是無中生有，它是從每個人都看到的東西裡面，看到別人沒有看到的。既然人的知覺是不知道就看不見，那麼人一定要先有知識，改變才會出現，比如說，如果你知道大腦的結構和功能，你就知道「右腦開發」這個說法是無稽之談，你就能針對正確的大腦功能設計出適合孩子學習的方法。當你從別人的錯誤中，找到正確的方法，這就是創新，也就是你的成功之路。

一個朋友曾說，他是否投資某家公司決定於這家公司的研究經費。沒有研發創新，再大的公司都是死路一條。二十一世紀市場競爭之道是：「人無我有，人有我優，人優我廉，人廉我新」，它呼應了前面達爾文的話：只有最能對變化做出反應才能生存。希望這本書能幫助讀者跳出舊的思維框架，從容面對世界不斷的變化。

教之聲

斷電時，月光分外明

在今年（二〇二一）的最後一天，我請學生寫下他們這一年中最感困擾的事，因為持續上升的新冠死亡率使我知道這次疫情不會那麼快結束，在等待解封的期間，我希望能找出一些改善或補救的辦法，使他們的二〇二二年過的比較順利。

我發現大部分同學的困擾是焦慮和不確定性，即不知道自己會不會被感染，不知道能不能回家去過年，不知道什麼時候可以恢復打工，最主要還是不知道什麼時候可以再出去玩。從演化上來看，人不喜歡未知（unknown），我們在新的環境會覺得恐懼，在新的人群中會覺得不安，手足無措，我們一方面討厭生活的一成不變，一方面又覺得在熟悉的環境中最放鬆。的確，人天生有對確定性的需求，即使受過高等教育對未知也有莫名的恐懼。這是為什麼人喜歡去算命，想知道自己的未來會怎麼樣，即使是假的也好。

我看到學生的回饋後就放下了心，因為如果是對未來不知／不確定性的恐懼，那麼只要堅持「操之在我」，即可解決焦慮的恐懼。有個實驗是給一組學生二十次固定間距的強電擊；另一組是**隨機**給三次強電擊，十七次弱電擊。結果發現，學生寧可接受二十次強電擊，而不要十七次的弱電擊，因為隨機組的電擊大部分雖然弱，但是無法預知電擊的來臨時，他們反而更焦慮：心跳更快，汗流的更多，更害怕。對很多人來說，不確定性是個不可忍受之事，有研究發現公司中，職位愈低的人，得胃潰瘍這種消化系統毛病的機率愈高（現在知道胃潰瘍除了幽門桿菌的感染外，長期心理的緊張也是一個致病因素）。

其實，人再怎麼弱勢，都還有一個別人剝奪不了的權利，那就是選擇權。如果知道自己是個抗壓性比較低的人，那麼就可理智的選擇薪水低但有確定性的工作，把自己內心安寧放在高薪之上，只要定出人生的優先順序就一樣可以好好過日子，所謂「改變心態，改變生命」，一點沒假。

人生本來就不可能十全十美，凡事往好處想，日子就過得去，前一陣子台灣一直斷電時，有位山地國小的校長來信說：「斷電時，月亮分外明」，電已經停了，與其生氣抱怨，不如去外面看看月亮，人得學會如何在逆境中生存。

另外，研究發現抵抗焦慮的一個好方法是去幫助別人。這點看似矛盾，因為大部分的焦慮來自工作壓力，如來不及完工、卡在問題不能解決等等。但是如果暫時放下手邊的工作去幫助他人，這個成就感（你能幫助別人表示你比別人強）會使你愉快、有自信，再回到原來的工作時，效率會增加。同時情緒好，解決問題的能力增加，研究發現大學生在看完喜劇短片後，解決問題的能力比看紀錄片時高，前者解決力為七五％，後者只有二〇％。

我告訴學生：為人點燈，明在我前。人在焦慮時，更要伸出手去幫助別人，因為它利人利己。焦慮來自心，心放寬了，焦慮自然消失。

初創業者必讀的一本書

英諺「知識吸引知識」真是沒錯。我如果沒有先看到史丹佛大學「超低廉設計」（The Design for Extreme Affordability）這門課的報告的話，我就不會注意到這本《精實影響力》（*Lean Impact*），就不會發現原來史丹佛那堂課講的正是這本書的精華。

這門課要求修課的學生去任何窮鄉僻壤，運用課程所學，協助當地人解決必要的民生問題，因此有四個學生決定去印度，幫忙解決印度偏鄉醫療照護不足的問題。他們到達印度後，發現所有的醫療資源都嚴重缺乏：一名醫生要照顧一千七百名病人，病床不足，老百姓沒有醫療常識……。但是最後他們成功了，用的方法正是這本書所倡導的方法。

這本書雖然是寫給非營利事業（非營利的目的不是賺錢，而企業的則是利益導向），但是對初創業的年輕人來說，非常有用。比如說，點子再好，一定要從小規模做起，邊做邊改進，不能一次把所有的錢都投下去，萬一出錯，就只好解散公司。兒童遊戲抽水機（play pump）就是一個很好的例子。

這個案子是利用孩子玩旋轉木馬所產生的能量來抽取地下水，只要四千台抽水機就可滿足一千萬人飲用水的需求。聽起來這真是太理想了，因此很多人慷慨解囊，他們募到了很多錢，就一次裝了幾千台抽水機，沒想到這要連續玩二十七小時才行，而且機器笨重費力，小朋友玩一下就不玩了，結果浪費了幾千萬美元，還製造了一堆垃圾。

其實像這種例子屢見不爽，曾有個年輕人一舉投下十年的積蓄，買了三千多隻小雞來養，因為沒有養雞的知識和經驗，結果全部都死了，血本無歸。

書中強調非營利組織缺錢是家常便飯，但它教你如何在缺錢的狀態下，把事情做成。這對初創業的年輕人來說，太有用了。

有錢好辦事是天下的公理，但是印度，要人沒人，要錢沒錢，怎麼辦呢？

這四個學生便先參加當地的平價連鎖醫院「納拉亞納」集團，利用他們已有的基礎去完成自己的目標。也就是說，如果創業的資金不足，不妨先加入現成的公司，從合夥人做起，但重點是要守住目標，勿忘初衷。先探索問題，看清了，有了解決方案後，再一步一步去做，成果最後會自然浮現。

一個很好的例子是解決紅毛猩猩數量持續減少的問題，他們先問為什麼呢？答案：因為牠們的棲息地持續減少。

為什麼牠們的棲息地持續減少呢？因為人們砍伐樹林。

為什麼人們要砍伐樹林？他們需要錢去遠處看病，當地沒有醫院。

因此在替當地人建立醫療診所後，伐木的家庭就少了八九%，紅毛猩猩有了棲地，數量就多起來了。所以創業之初一定是要先了解當地的需求和情況，問自己：為什麼別人不來這裡開店？為什麼你會比別人更成功？了解了原因，再投下資本才不會打水漂。

我沒有想到不以營利為目的的非營利組織，反而比企業更需要「精實」。或許是面對捐款者的壓力比股東來的更大吧？股東失去的，用錢便可補回來，而不當經營使捐贈者的愛心付諸東流後，以後就很難再說服人們掏錢出來做善事了。

情緒發展比智力發展更重要

新加坡總理李顯龍在公布他們的口罩政策時，特別強調學生在學校不用戴口罩，他說學生應該要能看到老師和同學的面孔表情，情緒才會正常發展，政府已經做好了周邊的措施，請家長放心。

這段話讓我看了很感動，因為大部分父母只注重孩子智能的發展，很少人想到情緒其實比智力還更重要，一個不能控制情緒的人，其他能力再好也沒用。而童年時情緒若沒有得到良好的發展，長大後不會控制情緒，羅馬尼亞孤兒院的例子就是一個慘痛的教訓。

歷史告訴我們，十九世紀的財富在土地，所以列強到處殖民搶土地；二十世紀的財富在勞力，毛澤東說人多好辦事；現在二十一世紀財富轉到腦力上了，大家在搶人才，在搶人才時，很多人忘記，人才情緒控制即EQ的重要性。其實EQ是最難教的一項能力。羅馬尼亞在二次大戰時，因為戰爭慘烈，國內青壯人口死亡殆盡，使得國家勞動力不足，因此當時的政府便立法強迫生育、禁止墮胎，想要快速的增加國家的生產力。但是戰後老百姓貧窮，那些父母養不起的嬰兒只好送到孤兒院由國家來扶養。很不幸的是，國家財力不足，雇不起足夠的保姆，那些可憐的嬰兒躺在搖籃裡，整天看不到一個人影，連餵奶都是把奶瓶放四十五度的架子上，由嬰兒自己抱著吸。一九八九年，羅馬尼亞經濟崩盤後，政府開放讓西方國家來收養這些孩子，結果發現童年期的冷漠待遇嚴重影響孩子大腦情緒的發育，他們即使在美國正常家庭生活了五至十年，情緒依然不正常。

幼兒的實驗發現情緒的正常發展需要有外界的刺激，若鼓勵孩子自我控制脾氣，他在情緒上，就會比那些亂發脾氣、沒有管教人的孩子成熟，因為抑制負面情緒杏仁核活化的前額葉皮質細胞受到不斷的刺激，他們變得更敏感，更容易被激發；而那些很少活化情緒控制迴路的人，在發展的關鍵期沒有受到適當的刺激，他們大腦中，跟情緒有關的皮質部位被其他功能占去了，長大後變得不會控制情緒，羅馬尼亞的孤兒就是錯過了這個關鍵期。

情緒發展很重要一個關鍵便是了解別人臉上表情的意義，研究發現自閉症兒童在處理表情時，所活化的大腦部位與我們一般人不同：我們看臉是右腦的梭狀迴（fusiform gyrus）活化，他們看臉是左腦的下顳葉迴（inferior temporal gyrus）活化，而這個地方是我們一般人處理桌子、椅子這種沒有感情物件的地方。這就難怪他們不知道別人臉上表情的意思了。嬰兒在二個月大，便能了解大人臉上表情的意義，父母若臉色放沉、聲音低下，嬰兒便會嚇哭。母親若有產後憂鬱症，研究發現嬰兒在二個月之內便應該抱給別人帶，因為缺乏母親情緒的回饋，使得這些嬰兒在十二個月大時，大腦情緒部分的發展便不正常了。

了解到臉孔表情對情緒的發展既然這麼重要，我們是否也應該效法一下新加坡呢？畢竟現在不會控制情緒的孩子已經愈來愈多了。

有值得模仿的典範，人生才不會虛度

幾個學生連袂來我辦公室談延畢的可能性。他們說去聽了一場演講，講者說求學時代是人一生最美好的時光，因為畢業出來工作就有事業的壓力，結婚以後就有家庭的壓力，只有做學生的時候無憂無慮。在台灣，大學課業已經不是壓力，以前是只有考不進來，沒有畢不了業的，現在是只要有呼吸都能進大學，所以他們覺得不要急著去就業給自己找罪受，想要延畢，多享受一下人生。我聽了大驚，難怪賴清德去成大演講時，有四一%的學生選擇做「躺平族」了。

我們的社會太寵愛（pamper）學生了，做錯了事，沒關係，學生不懂事，不追究責任，就連攻進立法院，犯了損壞公物的罪，法官都判沒罪（反而執法的警察有罪），這樣怎麼不讓學生留戀這個保護傘，想做永遠長不大的小飛俠呢？但是真實世界又哪裡有夢幻島（Neverland）給他們去逃避呢？

西諺「現在不流的汗，到老時，會變成眼淚流出」，人生固然是個旅程，要把握當下，但是旅程要有目標，人如果不知道自己要什麼，就不可能從現在的樣子改變成想要的樣子。沒有邁進的目標，就會隨波逐流。所以典範是重要的，我們一定要給孩子一個值得模仿的典範，人生才不會虛度。但是放眼現在台灣的政客，除了唯利是圖還滿嘴髒話，他們不能作為典範，目前學校不教古文，大學甄試委員會又說有頂大不採國文，連台大工學院都只有醫工和土木系參採國文，其餘四個系都不看國文分數，因此學生就沒有什麼古人典範可以效法，想想看，如果不知道文天祥是誰，怎麼會去做「留取丹心照汗青」之事呢？

至於為什麼最好的典範來自歷史上的偉人？因為今人做典範有個危險，怕他晚節不保，像汪精衛一樣，少年時「引刀成一快，不負少年頭」，後來做了漢奸成為千古罪人。但是要學習歷史中的典範需要有閱讀的能力，「匠」和「師」的差別在人文素養，有人文的科學才更科學，因為所有的科學離不開人，科學是服務人類的，最近替醫學院學生上「二十一世紀醫生的人文素養」的課時，就是告訴他們要成為醫師，不要成為醫匠，在辦公室做的事決定我們的收入和地位，在家裡讀的書決定我們是何種人，人文素養可能跟他的專業無關，卻跟他是個什麼樣的人有關。一個人除了專業之外，還是個人，必須先安頓好自己，才能幫助別人。

我曾在課堂上請學生寫出他們心中的典範，結果寫出來的多半是歌星和網紅，不是說他們不好，而是他們尚未經過時間的考驗，尚未「蓋棺論定」。現在的學生不會寫李國鼎的「鼎」，卻會寫鼎泰豐的「鼎」，這是一個嚴重的問題，一百八十年前，林則徐說：不禁煙，十年後，中國將無可用之兵。學生不讀國文，不知道歷史，沒有典範，十年後，台灣也無可用之人了。

擠牙膏的難題

早上在公車站碰到鄰居，見她面有怒容，問她發生了什麼事？她說，早上她先生刷牙，牙膏明明還有，只要稍微用力擠一下即可，她先生卻隨手扔進了垃圾桶。她並沒有說話，只是撿起來再用，先生竟大為不高興，嗆聲說：「我又不是養不起你，你這樣裝窮做什麼？」兩個人就吵起來了。

她說她母親是把用光的牙膏管剪開，把裡面剩餘的牙膏刮起來用後，才丟棄，她不了解節儉不浪費有什麼錯？在她家，丟棄還可以用的東西就是浪費。

我知道她家很富裕，不知道原來富裕來自節儉。她的公車來了，她上車走了，我在車站想，以前人家說結婚，要門當戶對，原來要對等的不是財富而是基本的價值觀。

古人常說「財不露白」，愈是有錢的人愈是深藏不露，只有裝富的人才要炫耀。何況財帛動人心，智者不會替自己惹麻煩，我們很少看到有學問的人穿金戴銀，只有沒有內涵的人才要靠珠寶來吸引別人的注意。但是現在社會好像反其道而行，有年輕人開瑪莎拉蒂出來炫富，卻被人揭穿是租來的。

我到學校後，一個學生進來辦公室，我就順便問他對節儉的看法，他說節儉很好，但是舊的不去，新的不來，東西如果一直用，經濟不會發展。我給他看非洲沙漠中堆積如山的二手衣，他聳聳肩說，只要買的起，為什麼不可以享受買東西的樂趣？

說的也是，不過，人無百日好，花無千日紅，萬一有急需時，沒錢怎麼辦呢？他反問：萬一沒有急需時，豈不是為了一個不可知的未來，苦了現在的自己嗎？

是了！這就是代溝，這一代人看的是當下，我們擔憂的是未來。

美國文化對我們的影響很深，美國只有世界三十分之一的人口卻用掉世界五分之一的資源，他們認為借錢沒關係，只要有能力還就好，重點是享受當下，我們不一樣，借錢要低頭，除非萬不得已，不會去借貸。

講起來，這是生活的態度，沒有對錯，不過，地球資源有限，要不要替後世子孫想一想呢？

我問他：你贊成環保嗎？他說當然，舉給我看他的保溫瓶，「我在不委屈自己的情況下，節省地球資源，但我不會為他人，犧牲我應該的享受」。

我好似看到自己站在生命的長河上，前面是我的父母輩，逃過難吃過苦，他們盡一切能力使我們衣食無缺；後面是在台灣出生的下一代，他們視豐衣足食為理所當然，因為他們出生就是如此。

每代人的命不同，沒理可說，我衷心祝福他們一輩子衣食都能無缺無匱。

與其後天補救，不如把握大腦發育的黃金時期

報登有個孕婦半夜去洗車場跟朋友抽菸喝酒聊天，結果被歹徒所害。我看到這個新聞時，忍不住說：「懷孕的人怎麼可以抽菸喝酒還晚睡？這個媽媽太不小心了，難道不知道這些行為對胎兒大腦的傷害有多大嗎？」旁邊的同事驚訝的問道：「有這麼嚴重嗎？」

有的，多年前聯合國就有一份研究報告：從受精到孩子二歲這一千天是孩子大腦發育的黃金時期，母親的營養、情緒和生活習慣會直接影響著孩子大腦的發育，從而間接影響了他的人生。

台灣有一句流行但錯誤的廣告詞：「不要讓孩子輸在起跑點」，如果真的

要講起跑點，那應該是在胎兒大腦發育的時候，而不是在出生以後，送他去上昂貴的雙語幼稚園、才藝班等等，因為大腦若發育不全，後天再怎麼補救功效也不彰，但若有個健全的大腦，後天即便條件不好，生命自己會找出路，孩子一樣會有作為。

芬蘭曾經追蹤五千九百六十六名男孩從一出生到他二十二歲，發現若母親在懷孕時，一天抽二十根菸，那麼孩子有犯罪紀錄的機會是別人的兩倍，不但暴力犯罪倍增，而且重複進出監獄。因為當胎兒接觸到抽菸所產生的尼古丁時，他的交感神經系統會被關掉，使他長大後，需要比別人更多的刺激才能滿足他感官的需求，因而犯罪率高。

美國的研究也發現，如果懷孕時，母親一天抽十根菸，她孩子行為障礙症（conduct disorder）的機率是別人的四倍。尼古丁會使血管收縮，減少子宮的血流量，因此減少了胎兒神經元所需的養分和氧氣，使大腦因缺氧而受損。這些孩子的頭圍較小，眼框皮質和內額葉迴較薄，而此二處正與暴力行為的出現有關。

尼古丁還會影響正腎上腺素系統功能的下降，它會干擾交感神經系統的活動，使流汗減少。研究發現這些孩子不容易被恐懼制約，他們對恐懼的影像或被電擊的膚電反應小，靜態心跳率慢（這二個叫犯罪的生理標記〔biomarker〕）。

受尼古丁荼毒的孩子會有選擇性注意，記憶和處理語言訊息速度的障礙。母親抽菸的數量和孩子六到十一歲時，數學和語文能力的減低有關，學業成績不好，就容易中輟，就更增加他們犯罪的機率。

至於抽菸會上癮是因為尼古丁會模仿多巴胺和細胞表面感受體的結合方式來激發多巴胺神經元，所以它的效應跟多巴胺大量湧出時是一樣的，人會感到非常興奮快樂，但是尼古丁很快就使神經元去敏感化，因此需要更多的尼古丁才能達到同樣的快感，於是就上癮了。

另外，尼古丁也影響製造乙醯膽鹼的神經元，這種神經傳導物質與警覺性及增加記憶有關，許多疲累的人會抽菸來提神，但其實這是飲鴆止渴，非常不智的。

因為菸的氣味會透過胎盤進入胎兒身中，因此二手菸對胎兒也有害。為了孩子，家中其他人也不要抽菸吧！愛他就從給他一個健全發育的大腦開始。健康的孩子就是國家的未來，需要我們大家共同來保護他們。

言語暴力對大腦傷害比肉體更深！犯罪防治要從意念著手

一九六九年我去美國聖路易的華盛頓大學讀法律。有一天，老師說下堂課要討論Charles Whitman Case。我初來乍到，不知道是什麼，急問旁邊的同學，才知道它是美國第一個校園槍殺案。

一九六六年八月一日，二十五歲的Whitman爬上德州大學奧斯汀校園最高的樓向下掃射，打死了十四個人，傷了三十一個人，最後被警察擊斃。令人驚訝的是，他在遺書中，要求警察務必解剖他的大腦。原來他掌管情緒的杏仁核上長了一個胡桃般的腫瘤，這個瘤使他飽受頭痛及不知名黑色念頭的折磨。他曾去看過五個醫生，包括一名精神科醫生，但是在沒有電腦斷層掃描的年代，醫生只能給他開止痛藥。止痛藥對他的殺人意念一點幫助也沒有，最後釀成大禍。

這個案子當時讓我目瞪口呆，不能相信一個小瘤就能使一個智商一二〇的工學院學生犯下這種滔天大罪，所以我後來決定轉去念神經科學，從大腦來了解行為。

最近德州又發生校園槍殺案*，槍枝管制法案再次被提出，但是一個要殺人的人是有辦法買到槍枝的，只是困難一點而已，就像未滿十八歲不可以買酒，但酗酒的青少年還是一大堆。犯罪防治要從意念著手才有效。

一個反社會行為的產生有很多原因，最基本的一個就是家庭失功能，絕大部分的暴力犯來自破碎的家庭。威斯康辛大學哈洛（H. Harlow）的猴子實驗顯示受虐兒長大會成為施虐者，家庭若瓦解，社會必然動盪不安。

加拿大麥吉爾（McGill）大學的神經學家米尼（M. Meaney）更發現童年

＊二〇二二年五月二十四日於美國德州發生的校園槍擊事件，造成二十一人死亡。

的不幸經驗會深入到DNA的層次，改變基因的展現，使他們後來對壓力和挫折的反應不同。

哈佛大學醫學院則發現言語暴力對大腦的傷害比肉體的更深（所以老師不可以罵學生白痴、豬狗不如等傷害自尊心的話），長期生活在恐懼中的孩子，掌管記憶的海馬迴比較小，因此記憶比較差。學業成績不好時，挨打的次數更多，惡性循環下去，他的人生就不一樣了。

母親在懷孕時的營養也會造成孩子的反社會行為。荷蘭「飢餓的冬天」就是一個例子。一九四四年冬，德軍封鎖萊茵河，使阿姆斯特丹、鹿特丹等地居民缺糧，他們餓到連鬱金香的球根都挖出來吃，而它是有神經毒的。十八年以後，這些孩子要去當兵了，在身體檢查時，發現在懷孕初期，飢餓母親所生下的孩子，大腦因發育不良，反社會行為的機率比其他人高。模里西斯的研究也發現孩子三歲前的營養直接影響二十年後的犯罪記錄。

英諺：If rich and poor can't look each other in the eye, it will be an eye for an eye。種族歧視、貧富不均等不公平現象是社會問題的根本原因，要避

免這種濫殺悲劇的再發生，社會和諧是唯一的方法。

美國因川普挑動族群分裂，加上高失業率和家庭功能瓦解造成一堆憤怒的年輕人拿槍洩憤。台灣雖然因為槍枝管制，情況好一點，但年輕人酒駕、暴力砸車、隨機殺人、超商挖眼等事件都顯露出台灣的隱性炸彈也不少。

安全感是生命的最基本要求，也是政府對人民最起碼的保護，我們的執政者，你們聽到了嗎？

種瓜得瓜，你想教出怎樣的孩子？

一般醫生若是門診生意很好、病人應接不暇時，是不會去思考為什麼這種病人這麼多。薩克斯（Leonard Sax）醫生很不一樣，或許是他同時也擁有賓州大學（U. of Pennsylvania）心理學博士學位的原因（賓大心理系在他念書的時候是全美排名數一數二的系，非常的強，實驗心理學期刊的主編就在他們系），他對不尋常的事情有好奇心，自己也有做研究的能力，因此，當他看到愈來愈多的孩子被老師寫條子叫父母帶來看是不是過動、注意力缺失症（ADHD）時，他就開始懷疑這些異常行為背後可能有其他的原因。果然在他鍥而不捨的追尋下，他找到了，並寫成了二本在美國非常暢銷（在台灣也賣的不錯的）《浮萍男孩》（*Boys Adrift*）和《棉花糖女孩》（*Girls on the Edge*）。

這二本書出版以後，他仍然沒有停止思考。以前沒有這麼多過動兒，現在一班都有五、六個以上，這跟父母的教養方式有關係嗎？他停診了一年，去全美各地訪談，甚至遠到歐洲、澳洲、紐西蘭去看不同民情、不同社會父母教養的方式，最後寫成了這本《教養，你可以做得更好》（*The Collapse of Parenting*）的書。

他的懷疑是正確的，現在的教養真是大崩壞，太多的父母不知怎麼當父母。美國社會自從越戰以後，傳統的價值觀被推翻，新的卻尚未形成，當父母都不知道自己是誰時，孩子就更不知道他是誰了。這個自我認同的空虛也是美國流行文化膚淺的原因之一，所以薩克斯醫生告訴父母親，一定要讓孩子找到生命的意義，他的人生才會圓滿。

他在四處訪談所見到的教養偏差現象，我在台灣也不時看到。例如，去年台灣乾旱，中央大學的所在地，中壢，也必須輪流停水，因為停水就不能作飯，就必須外食，我的朋友跟我說，她很後悔生了三個孩子，因為開家庭會議決定去哪裡吃飯時，三比二，孩子把父母的建議給否決掉了，使她吃了兩天的鹽酥雞。我聽了非常訝異，跟她說：「你的公民念到哪裡去了？孩子未滿二十歲沒有投票權，你怎麼會讓孩子把你做掉了？」原來很多父母誤以為什麼都問孩子的意見叫做民主，忘記了自己是孩子的監護人，負有監督和保護他的責任，在孩子未成年前，他要聽你的，因為他的智慧和閱歷還不足以使他做出正確的決定。所以事事聽孩子的不叫做民主，那叫放任。當你跟孩子商量：「要吃飯了，去把手洗乾淨，好不好？」而孩子說「不好」時，你是不是無話可回？但是你只要說「要吃飯了，快去把手洗乾淨」，孩子就去做了，因為這種例行公事本來就沒有討價還價的餘地，大人吩咐，孩子就要去做，而不是大人請求，孩子考慮要不要答應。所以薩克斯醫生明白的告訴父母，你是**教養孩子，不是討好孩子**，未成年前，即使他生氣、不高興，父母的話還是要聽的。晚上幾點鐘要宵禁就是要宵禁，父母不應該替孩子等門，一般有教養的孩子也不會半夜還在外面游蕩，同時孩子要想到，自己沒有回家父母會睡不著，不應該讓父母擔心。

書中舉了很多父母親誤以為這是對孩子好的迷思，很值得現代的父母思考。我自己最常碰到的就是：「如果我不讓他自己做決定，他以後不會獨立，會一輩子依賴我」。這句話要先考慮孩子的年齡，如果孩子只有五歲，你怎麼期待他去餐廳點餐時會點青菜而不點冰淇淋？我們一再的看到，沒有外在的控制，不會有內在的控制產生，人都好逸惡勞，要養成孩子自我控制和勤儉的好習慣是必須像書中比爾和珍妮、菲力浦家的例子，即使父母有錢，週日大家還是要一起勞動，清房子、掃院子，讓孩子體驗到一絲一縷來之不易。父母說的對，開支票請園丁做，的確比自己帶領孩子做來得輕鬆，但是這樣孩子就學不到人生必須工作才有收穫的意義，就變成富二代，飯來張口、衣來伸手的廢物了。

至於管教孩子會不會扼殺他的創造力，書中有很多的數據證明它是完全不會的，是父母多慮了。創造力不是從天下掉下來，它背後的機制是綿密的神經連接，即使是天才，他也需要後天的努力把想法實踐出來，不然只是空話。從歷史上，我們看毅力才是天才成功的要件，愛迪生做了二千多次實驗才找到鎢絲來做電燈泡。

從書中，我們看到正當的管教孩子不會讓孩子感到難受，他知道不能做的原因便不會反抗，反而是放任不管他，會使孩子懷疑你不愛他。為什麼別人父母會要求他的孩子十點要回家，而我十二點不回家你都不在乎？我真的是你親生的嗎？

正常的愛並不會寵壞孩子，真正幸福的孩子是在生活中獲得尊重的孩子，所以他學會了尊重他人，也尊重自己。薩克斯醫生最後提出三點，父母若能做到，孩子會是一個知書達禮、生命充滿快樂的人：第一，教導謙遜；第二，享受與孩子在一起的時光；第三，教導他生命的意義。

人生不能什麼都要，必須列出先後順序，而孩子應該是所有父母的第一順位，當跟孩子在一起時，不要滑手機，不要看電腦、電視，全心全意陪著他。他長大的很快，一轉眼，你要陪他，他已經不要你陪了。父母需要在遊戲、休閒時，把自己的價值觀不知不覺的傳給孩子，因為他是你生命的延續，只有他成功，你的基因才會在宇宙永垂不朽。

素養教育本是主張教育與生活掛鉤，何不設計課程來落實它？

報上登大陸自二〇二二年秋季開始，將勞動課從原來的中小學綜合實踐活動課程中獨立出來，專門教清潔與衛生、整理與收納、烹飪與營養、家用器具的使用與維護、傳統工藝的製作等等，我看了不由得羨慕起來，很希望我們的學校也能規劃這樣的課程，因為我們的孩子四體不勤、五穀不分已經到了極限，甚至連學校有證照的廚工都分不清芋頭與姑婆芋的差別，真是令人擔心。

一般來說，生活習慣的學習是愈小的時候教導，效果愈好。我曾替朋友送藥給她生病的兒子，去到男生宿舍時，被裡面的髒亂嚇到，難怪孩子會生病。其實人都喜歡乾淨的環境，實驗發現很小的嬰兒就喜歡整潔對稱的圖案，但是因為人性是好逸惡勞，能偷懶便偷懶，所以整潔衛生的習慣必須從小養成，長大才能強身強國。收納更是門學問，都市寸土寸金，生活的空間非常有限，若收納得當，可改善空間，使生活舒適些。

烹飪與營養的重要性就更不用說了，自從疫情嚴峻，不能外食後，很多年輕人都後悔沒有學一點廚藝，只能靠外賣為生。有人甚至連荷包蛋都不會煎，更有孩子不知道肉煮到什麼樣子是熟，早一點教他們烹飪，學會用同樣的金錢吃到更營養的食物是非常重要的。

至於家用器具的使用與維修，我問了一下我班上的大學生，很多人不知道煤氣爐檯是靠電池打火的，若電池沒電了，火是打不起來的。曾有朋友找工人來修煤氣爐，工人來一看，掏出一個電池裝上去，火就打起來了，收費二百美元，看得主人目瞪口呆。

歐美的中學生，不論男女，都要學會用簡單的工具，如螺絲起子和扳手等。很多的中國留學生，書念的很好，卻一點家事都不會做，更不要說修理家中用具。八〇年代的暑假，我曾和一位朋友去甘肅的黃羊川教書，有一天，她正在上課，有美國的長途電話從華盛頓D.C.打來找她，我們以為她家裡出了什麼大事，急忙把她從教室中叫出來接電話，原來她家的馬桶不通了，她那位在美國著名大學教書的先生打長途電話來問怎麼辦？我們聽了都哈哈大笑（他最後去住旅館，因為連工人都不會叫），所以台灣的學校也應該開些這種課，一個人如果自己都照顧不好，將來怎麼去照顧家庭，遑論保衛國家。

現在很多傳統工藝的製作都瀕臨失傳，有學校來教真是及時雨。我小時候，台灣很多的家具都是竹子做的，因為台灣出竹子，貨源充沛，它輕便耐用又環保。夏天晚上搬個籐椅到後院乘涼聊天，輕羅小扇撲流螢，臥看牽牛織女星是童年美好的回憶之一。可惜現在能編竹筐、竹篩、做竹椅的師傅沒幾個人了，所以學點傳統工藝的製作也是保存文化的一個好方法。

現在人工愈來愈貴，小工程常找不到工來做，若自己能懂一點，生活會方便很多，上述的幾項都是生活中用得到的技能，素養教育本是主張教育與生活掛鉤，既是如此，何不設計課程確切來落實它呢？

換個方式說話

我在捷運上，看到一位媽媽在翻她孩子的書包，突然聽見她驚呼：「你怎麼錯的這麼多？這麼簡單的加法也會錯，你是怎麼搞的？」一時，車廂中玩手機的頭都抬了起來注視聲音的來源，那個孩子窘的滿臉通紅。母親接著翻，「你寫的是什麼呀！七歪八扭的鬼畫符！」坐在我旁邊的女生跟她男朋友悄聲說：「我媽也是這樣，從來不替我留面子！」我看了一下周遭，好幾個人嘴角上揚，想必都勾起他們童年的回憶。回到家，看到信箱裡有一份請我寫推薦序的書稿很驚訝，原來韓國的媽媽也是這樣說話。真不了解，媽媽小時候不也是個孩子嗎？怎麼自己長大了，就忘記了當年被大人罵的感覺了呢？

人真的很奇怪，明明知道蜜糖可以捕捉到更多的蒼蠅，卻一定要用酸。

研究發現，每一句負面的話需要四個正向的話才能抵消它的影響，而孩子在家中，每十句話中，只有一句是正向的，在學校是七句只有一句，難怪孩子在長大的過程中，都覺得自己是一個魯蛇（loser），因為大人不斷的灌輸這個觀念到他腦海中。這種做法有一個很可怕的後果就是「自我實現」（self-fulfillment），如果我們每天罵他是豬，最後他就變成了豬。

另一項研究中，神經學家在還有八天才要出生的小貓大腦中，看到一個神經元跟別的神經元有密密麻麻的連接，等到這隻貓老了，再去查看這個神經元時，發現常常活化的神經迴路變得很大條，但其他不用的連接都被修剪掉了。也就是說，神經的連結是用進廢退，常用的神經迴路會因不斷的活化，連接的密，反應快，創意多，而不常用的就被刪減掉了。因此我們每天怎麼對待孩子很重要，因為今天對待孩子的方式會影響他神經的連接，就影響他明天行為的出現。尤其大人對孩子的看法會影響孩子對自己的看法，這個信念養成後，根深柢固很難改。

馬戲團裡的大象一定要從小養才行，因為一開始時，小象無力從拴住牠的鐵鍊中掙脫，逃脫不了，久一點以後，牠就認為自己是不可能逃脫的，即使長大了，力拔山河了，還是這樣想，就乖乖聽馴獸師的話了。所以父母千萬不要動輒貶低自己的孩子，要知道孩子最在意的就是父母對他的看法。

我們都知道中國人喜歡謙虛，謙虛是美德，但是人只可謙虛自己，不可謙虛孩子，因為孩子小，他會把你的假話當真，而產生自卑感。我有一個朋友長得很好看，我母親每次看到她都會誇獎她，但她的母親一定回說「哪裡，哪裡，這孩子皮膚黑，穿什麼衣服都不好看」。結果她出社會做事以後，把所有賺的錢都花在漂白皮膚上，沒想到很多漂白的藥膏有化學劑在裡面，反而把她的皮膚燒壞了，真是好可惜。人都喜歡聽好話，卻常常聽不到自己想聽的話。這讓我想起卡通電影「小鹿斑比」中兔媽媽的話：如果你沒有好話要說，倒不如就不要說話（If you don't have anything good to say, don't say it.）。

父母在說話之前，請想一下，除了罵，這句話還有沒有別的方式可以說？請不要羞辱他，良言一句三冬暖，惡語傷人六月寒。你跟他說話時的這一點點小差別會使他將來一生都不一樣。

問的重要性

最近有研究發現如果在上課之前，老師先問一下學生有關今天上課內容的問題，學生學習的效果會比較好，例如老師在未開講前，先問學生：希臘文的「謝謝」怎麼說？學生會很驚訝，因為還沒有教，怎麼會呢？但是在下課前五分鐘，給學生做一下隨堂測驗時，能寫出「謝謝」希臘文的人就比較多。原來老師的問題引起了學生的注意，當老師講到謝謝怎麼說時，這個訊息就像貼了張標籤「要記住」，大腦就特別去注意它，考試時就被提取出來了。

實驗顯示，只有主動學習才能促使神經連接，有連接才有記憶產生。英國有一個實驗是比較開了四十五年的計程車司機和開了四十五年的公共汽車司機大腦是否有空間位置上的不同。因為計程車司機要依客人去的地點動用他的大腦尋找正確方向和最佳路徑，而公共汽車司機不需要，他所行駛的路線是固定的，不能隨意改變的，所以計程車司機海馬迴後端掌管空間記憶的地方就比公共汽車司機大了很多，表示主動思索才能改變並增進神經連接。老師在上課前的提問就是這個作用，促使學生因注意，去思考而強化了記憶。

其實提問很重要，它顯示了學生對這個問題的了解。科學家常說「問對了問題，問題就解決了一半」。因為解題最怕方向不對，所謂「不怕忙，只怕白忙一場」。只要方向是對的，總有到達的一天。

不幸的是，我們在生活中很少讓孩子有練習問問題技巧的機會，問問題必須針對要解決的問題去問，而不是泛泛的問為什麼。下面有個例子可以說明問對問題的重要性：

某王國有著一項很特別的習俗——吃魚不可以翻面，翻了會被處死。有一個外國的使臣來赴宴，他不知道這個習俗，魚吃到一半時，就把魚翻了過來。大臣們看見了，齊聲喊道：陛下，我國從來沒有遭到這樣的侮辱，您必須立即處死他！

國王嘆了口氣，對使臣說：如果我不處死你，我就會受到臣民的嘲笑。不過，看在貴國和我國的友好關係上，我可以允許你一個請求。這個使臣想了想說：我希望那些看見我翻魚的人都被挖去雙眼。

國王一聽大吃一驚，連忙說他什麼都沒看見，大臣們面面相覷，一個個站起來說自己也是什麼都沒看見。使臣便微笑地說：既然都沒人看見，它就沒有發生，讓我們繼續吃飯吧！

這個使臣憑藉問出這個好問題化險為夷。

那麼如何能問出好問題呢？第一，先了解要解決的問題是什麼？在這例子中，是要活下去，所以魚必須不曾翻過。但魚已經翻了，無法逆轉。怎麼辦呢？除非沒有人看到，因為一棵樹在森林中倒下，若沒有人看到，就等於沒有發生。於是使臣便提出了挖雙眼的要求，所有人聽到，就馬上宣稱自己沒有看到了。

因為問好問題要練習，所以老師不要急著給答案，給學生一點時間去思考。一旦孩子習慣了大人會給答案，自己就不再去思索了。

以前在美國教書時，常看到美國小學老師跟學生玩「猜猜看」的遊戲。老師會說：今天要介紹一個新主題，你們可以問五個問題來猜它是什麼。學生們都會先問「是植物還是動物？」這就是分類，分類是智慧的根本，它馬上縮小了搜索的範圍。知道是動物後，就問「有幾隻腳？」這樣搜索的範圍就更小了。馬上知道是禽還是獸。這樣大約五個問題之後，答案就可以出現。

學習英文字也可以這樣玩，老師說猜五個字母的字□□□□□，學生懂得先猜e，因為五個母音中，e的頻率最高。所以□□□□e，然後猜子音，子音中s、r、t是比較普遍的，學生猜t，又對了，t□□□e。然後會再猜母音，因為五個字母的字中，應該會有二個母音，a是頻率第二高的ta□□e，很快「table」這個字便被猜出來了。中文當然也可以，因為我們有偏旁也可以拆解。

以前元宵節有猜燈謎，也是訓練孩子思考非常好的方式。有一次我看到一個公園內有塊大石頭，上面刻著「虫二」，我一時看不懂，後來一想，「風月無邊」，風和月拆去外面的框，裡面剩下的豈不就是虫二了嗎？再看看周邊的風景，果然風月無邊，這個記憶就很深刻，過久不忘。

我在念研究所時，老師要我們每次去聽演講一定要能提出一個問題來問演講者。因為要提問，所以聽的特別仔細，這樣一場一百分鐘的演講獲得的知識就遠比自己讀三個小時多了很多。

一般來說，我們的學生很少問問題，除了害羞，沒有自信，也是怕問了笨問題被人嘲笑。其實天下沒有什麼叫笨問題，有一句話很好，「你問了笨問題，笨了五分鐘；你沒問問題，笨了一輩子」。老師要多多鼓勵學生發問。它不但促使學生主動去思考，還可從問的問題中，了解學生的程度，有沒有聽懂，以及可以從哪裡去補強，是教學必須的方法之一。

人的大腦就是要用才不會退化，老人更要常思考，思考會促使神經活化，防止阿茲海默症找上門。又因神經迴路的活化本身是個骨牌反應，一旦被觸發後，凡是跟它有連接的迴路都會被活化起來，過去沒想到的答案便會浮現起來，研究發現閱讀是創造力的根本就是因為閱讀時的字有促發效應，這個字會促發跟他有關的其他字，這個骨牌反應一旦啟動，觸類旁通的現象便出現，學生也因舉一反三而使創意源源出現。

提問很重要，父母不妨閒暇時多跟孩子練習提問的各種方式，孩子的進步會令你驚奇的。

允許孩子用自己的大腦去組織知識

一位法國教授最近出了一本大腦科學的暢銷書，特地寄來給我看。我們會成為朋友是因為他也很希望腦科學的知識能走出實驗室嘉惠所有民眾，尤其跟教育有關的部分更能普及到中小學，改進教育的成效。為此他常常開著他的小跑車去法國各個中小學演講。

他在書中夾了一封信，告訴了我一件有趣的事：他說因為他非常強調主動學習的重要性，每次去演講都強調只有主動學習，神經才會連接，學習才會有效；又因為他是法國國家科學院的院士，校長很尊敬他，聽到了都會猛點頭的說一定會照做。過不久，一位小學校長請他去看全校採用他的意見，變成主動學習校園的情形，他很興奮的立刻開車過去看，一看之下差點昏倒，原來校長在每個學生的椅子底下裝了個像腳踏車那樣的踏板，要學生在上課時，不斷的踩踏板主「動」學習。他說他從來沒有想到會有人從字面上去解釋，而不去探究語言背後的真意。

我聽了也覺得匪夷所思，我不了解一個做到校長的人，怎麼會如此拘泥於字面呢？一般是白目的孩子才會這樣只從字面去解釋，例如你很生氣的對他說「那你去好了」，他就很高興的去了，聽不懂其實你是不要他去，故意這樣說的。最近我自己碰到了類似的例子，才知道世界上這種人還真不少。

有個學生拿著課本來辦公室問我問題。他不是像一般人問重點，而是逐句問，這句話是什麼意思、下一句又是什麼意思？我有點驚訝，因為我是認知神經科學的老師，我不是國文老師呀！正巧有一位老師下課，經過我的桌子旁邊，就很同情的看了我一眼。原來他上學期曾教過這個學生，他用「控固力」（水泥）來形容這個學生，因為他完全不會變通，雖然很用功，整本書畫滿了各種顏色的重點，但考試仍然不及格。

我問他這個學生為什麼會這樣子？他嘆氣說，這雖然跟孩子本身的個性有關，但啟蒙時，教導的方式也很有關係。愈是在乎標準答案的老師，愈會教出這種呆板不會變通的學生，因為他們以為，只有一字不差才不會挨老師板子。我聽了悚然而驚，小時候的痛苦經驗竟會這樣的綁住孩子的思考彈性。

我想起以前曾在一個大都會的明星小學看到一個小學二年級的學生蹲在教室外面哭，雖然上課鐘已經響了卻不肯進教室去上課。原來上一堂課老師發國語考卷，在相反詞那一欄，「記得」，她寫「不記得」；「打開」，她寫「關上」，被打了四下，老師的標準答案是「記得—忘記」，「打開—關閉」。雖然她的答案跟標準答案的意思是一樣的，但因為沒有完全符合標準答案的字，就挨了打。

她哭的很傷心，因為她覺得她沒有錯，被冤枉了。我知道即使二歲的幼兒被冤枉也會哭很久。因此，我在見到校長後，就很委婉的把這個情形說了一下，想不到校長說：「只有這樣，聯考的分數才會高，學生才能考上第一志願」。我頓時明白原來明星學校是建立在剝奪學生思考的彈性上，雖然眼前升學率高，但卻可能斷送孩子的一生！

看來法國那個學校的學生慘了！他們會裝了一肚子的知識，但是不會活用它，因為他們從來沒有被允許用自己的大腦去組織這些知識！

學習為什麼需要鷹架

王之渙在《登鸛雀樓》中說「欲窮千里目，更上一層樓」，要登高得要有梯子。這個梯子就是本書作者說的鷹架。鷹架搭多高，大樓就能蓋多高。

因此這本《鷹架教養》（*The Scaffold Effect*）書的宗旨就在教導父母如何搭一個穩定不會倒的鷹架。雖然作者在孩子成長的每一個階段所提出的鷹架不同，但是基本的結構卻是相同的，即好的生活習慣，流暢的溝通方式及合理的家庭規範。

鷹架的核心在穩定，不管什麼材料做的樓梯，最基本的要求都是穩定，因此底盤很重要，上述的三點都必須從小打根基。

為什麼要從小做起呢？這裡有大腦神經機制的關係：一個行為的產生是

大腦中無數相關神經元連接所形成迴路的結果，而神經元的連接有一個特性就是連接的次數愈多，神經元之間的連接愈緊密，行為就愈容易出現，當這個行為（如走路）成為自動化後，它就不再需要大腦的資源去操控，意念一出，行為就出現了。因此古人說「慎於始」，只要在行為剛出現時，教導他正確的方式，他做久了就成為習慣。

我看過一個三歲的小朋友，進入幼兒園後，會把鞋子脫下放入鞋櫥，也會把吃完的盤碗端進廚房，踏上板凳把它放入洗碗槽。當我面露驚訝時，園長說：不要低估孩子的能力，他們可以做，只要你懂得怎麼教。

這個「怎麼教」也是本書作者著墨最多的地方，因為教青少年和教小寶寶不同，這個不同就是作者在鷹架理論中的「支持」，換成普通話就是「同理心」，小寶寶摔跤了，你抱抱他，說：「媽媽吹吹膝蓋，把痛痛吹走你就不痛了」；青少年失戀了，你不能用同樣方法，你要安慰他說：「塞翁失馬，焉知非福，下一個會更好，不要去怪別人，要想辦法提升自己的內涵，花若有蜜，蝴蝶自來」；但是作者強調，一定要訓練孩子為自己的行為負責，不去怪別人，因此孩子考不好，父母不要去怪孩子笨，而是提醒他去檢討一下：為什麼這次沒考好，是太自信，覺得自己已經都會了嗎？還是時間沒有分配好，來不及複習？找出原因就不會有第二次的失誤。

作者在書中也一直強調溝通方式的重要性，告訴家長不要用否定句，不可用「不要」作每一句話的開頭：「不要再浪費時間了」、「不要再吃垃圾食物了」，而是改成肯定句，「我高興你今天有自動自發的做功課」、「我很高興你今天有吃青菜」。

「不要」這兩個字會激發孩子的「防禦機制」，你愈說不要我偏要。但肯定句會讓孩子覺得是他自己要做，而不是被父母逼的，下面有一個很好的溝通例子：

春秋戰國時，孫叔敖任楚莊王令尹，莊王要把馬車車底提高以利奔馳，想直接通告全國提高馬車底座，孫叔敖說：「不可，人民已經習慣了坐這種低矮的馬車，一下子很難改變，若強令執行，會惹民怨」。於是他就宣布「根據天文曆法，今年會有大水，請各戶百姓將門檻加高」。

老百姓都怕洪水，立刻自動自發的將門檻加高，但這樣一來，馬車就進不了大門，所以又紛紛把車底升高。半年後，楚國所有的馬車都全部改造完畢。所以一個好的溝通不是命令孩子去做，而是讓孩子以為是他自己要做。

教養是現代很多父母不敢生孩子的原因之一，其實不用怕，它不難，只要記得「孩子不會照父母想要的那個樣子長大，他會按照父母本身的那個樣子長大」，只要父母自己以身作則，給孩子一個模仿的典範，教養自然成功。所以古人會一直強調「慎於始」：小時候養成孩子做事的正確態度，父母平日盡量參與他的生活並保持親子溝通的管道暢通，這就夠了。你會發現你給孩子搭的鷹架，即使他成年了，還可以繼續幫助他登峰造極，發展出他的天賦。

微笑二十秒，就能啟發正向情緒

一個學生來跟我說她有憂鬱症想休學，因為藥物對她無效，她晚上仍然失眠，早上爬不起來上學，即使來了，坐在教室裡，也聽不進老師的授課，更沒有力氣讀書，這次期中考考的很不好，她說與其被學校當掉，不如自己休學。

現在年輕人的憂鬱症的病比以前多很多，光是這學期，我班上就有三個，只是嚴重情況不一樣而已。憂鬱症雖有基因上關係，但後天環境的影響更大：同卵雙胞胎，一個有憂鬱症，另一個也有的機率是四五%。基因的部分我們做老師的沒辦法，但至少可以從後天的部分著手，因為心態是可以改變的，只要她自己願意改。我從跟她的談話中，感受到她對所有事情都充滿了負面的看法，便想在她休學之前，試試看能不能教會她學習感恩，因為二〇〇三年曾有一個研究發現感恩的心態對心靈的健康很重要，可以抵抗憂鬱症的侵襲。

這個研究是請大學生每個禮拜一次，把別人對他的五件恩惠，不論大小，寫下來，每天晚上看一遍才去睡。這樣持續十個禮拜後，研究者發現實驗組比控制組的學生對生活的滿意度提高了很多，而且身體傷風感冒的病痛也減少了很多。因為心身是一體的兩面，心情好，免疫力高，人就不容易被空氣中的細菌感染，可以說心甚至比身還更重要。於是我請她先試一個禮拜，每天晚上睡覺前，寫下今天三個沒有血緣關係的人對她做的好事。

她一聽，果然馬上回應說：「老師，如果有人對我好，我怎麼還會得憂鬱症呢？」

我拿起桌上的報紙說：「其實人間處處有溫暖，端看你肯不肯去發現而已。你來，在這張報紙上找一下，看有沒有任何好的新聞？」她把報紙翻了一下說：「沒有，當然沒有，在這個人吃人的世界，怎麼會有什麼好人好事？」我接過報紙，指給她看，有一個讀者投書：一個颱風下雨的晚上，她急著趕回宜蘭去見她母親最後一面，卻卡在颱風天招不到計程車。在她焦急萬分時，一輛貨車停了下來，司機在知道情況後，直接把她載到了宜蘭，見到了臨終的母親。她感激之餘寫下這件事，投書報紙，希望車行老闆知道後，會表揚這位好心的司機大哥。

其實我也曾經受過陌生人的恩惠，有一年，我去台中美術館演講，講完後要搭高鐵回台北。但承辦人員沒有事先安排好車輛，我們在路邊等了半天都不見一輛計程車經過。時間一分一秒的過去，眼看著就要來不及了，一位爸爸載他的兒子來美術館上才藝課，一聽我們要趕高鐵，二話不說，把我及時送到車站而且分文不收。

我告訴她，世界上的好人很多，人間真的處處有溫暖，但是你需要先伸出手，「自助，人助，天助」是天下的公理。今天在回家的路上，睜大眼睛去尋找你可以幫助的人，明天再來辦公室找我。

第二天她來了，苦瓜臉上居然有了笑容。她說她按照我的話去搜索，果然看到一個載滿回收物板車的拾荒老人，因推不動卡在馬路中間，而對面綠燈的小人已經開始跑了，表示交通誌號快要轉紅了，她又看到兩邊的摩托車迫不及待的在升火待發，表示燈一綠，便會向前衝。她便急忙趕上前去幫忙，及時推過馬路避開了車潮。那個缺了門牙的老人說話含糊不清，她雖然沒有聽懂老人在講什麼，但猜想他在道謝，她也微笑的回應了。

她說她很驚訝這樣一件微不足道的簡單事竟然帶給她一種舒服的感覺，覺得胸口不那麼悶了。我請她繼續做，因為研究發現感恩的心會刺激大腦中的報酬迴路，分泌出多巴胺和血清素，產生愉悅的感覺，即使只是微笑二十秒，就能啟發正向情緒。

微笑能刺激大腦分泌對抗壓力的神經胜肽，也能釋放出使心情愉快的血清素和多巴胺，身心真的是一體的兩面，心情愉快時，憂鬱症也就自然遠離了。

如何有效學習

自從大陸的政府實施雙減政策，規定家長老師不准給孩子課後補習後，許多家長開始憂心，如果課後不去補習，以後高考怎麼辦？沒有補教班，怎麼知道孩子學習的效果？其實這個擔心是多餘的。

自從有了腦造影的技術，神經科學家可以直接看見大腦內部工作的情形後，我們對學習有了很多新的了解，過去以為要三更燈火五更雞的苦讀才有前途，其實不然。

學習的發生主要有三個條件，一是大腦準備好了要接受新的訊息（即有足夠的睡眠）；二是新訊息能順利通過注意力這個瓶頸進入大腦；三是進入大腦的訊息能被有效的組織和儲存起來（學習策略）。這三個條件都得滿足，才能產生有效的學習效果。

實驗發現，記憶若要有效，它需要被固化（consolidation），而睡眠可以幫助穩定記憶，甚至連短短二十分鐘的午睡對記憶都有幫助。

原來記憶很容易流失，有點像手在石膏盆中打個印子，若石膏還未硬，便搖晃盆子，手印便不見了。保護訊息不被流失最好的方式是睡眠時的固化作用。研究發現，在深度睡眠時，大腦中不斷的有一百到二百毫秒快速的腦波往返於記憶的工廠——海馬迴和儲存記憶的頂葉皮質聯結區之間，好似把工廠東西趁晚上沒有新的訊息進來時，運去倉庫儲存。若是干擾夜間睡眠時的這個腦波，第二天的記憶會嚴重受損。

第二是注意力，因為大腦的資源有限，不能處理所有想要進來的資訊，因此，只有跟自己關心的訊息（如自己的名字）、情緒性的，和很熟悉的訊息才會通過注意力這個瓶頸，進入大腦被處理。注意力是大腦的關口，有一夫當關、萬夫莫敵的氣勢，因為沒有通過它，後面的一切都免談。

第三是學習的策略，研究發現，有意義的、押韻的和熟悉的便容易記住，其中熟悉最重要，因此，學習的策略都集中在增加熟悉度上。一個最好的記憶策略便是間隔效應（spacing effect），一篇文章拿來背一陣子後，放下，去做別的事，第二天又拿起來背幾次，第三天又再背一下，背久了就熟悉了，就朗朗上口了。

它的原理是每次背時，都活化了這條神經迴路，每天背，這條迴路不停的被提取出來強化，迴路之間的連接就變得很牢固，記憶就形成了。

那麼，為什麼一次背十次不及每天背一次、背十天來得有效？這好比把一個寶物用一條繩索捆十遍垂入古井，相較於用十條繩子每條捆一遍垂入古井，後者被提取出來的機會比較大，因為前者繩子一斷，便沉入古井，無法提取出來，後者斷一條還有九條可使力，它提供的提取線索比較多，比較能被提取。同時這也避免了一直背時，大腦對一再重複的東西失去新奇感，所謂的神經疲勞，嘴在念，心已經跑掉了，也就是俗語說的「小和尚念經，有口無心」，就沒有效了。

因此M. Gladwell在他的《異數》（*Outliers*）書中說，一個行為做了一萬小時以後，你就是這個領域的專家，因為每次做就是反覆在練習，每次練習時，都等於在測試自己背熟了沒有，沒有熟的部分會增加大腦對它的注意，也就增加了記憶。這個「測試—回饋」非常重要，最近法國神經科學家狄漢（S. Dehaene）提出學習的四大支柱：注意力、主動參與、立即回饋和固化，其中他特別強調學習完立即測試自己學到了多少，不會的馬上翻書再學最有效。這個「測試—回饋」是學習的策略，掌握住了，學習就水到渠成了。

樂觀的真正意義

最近疫情又嚴重了，學校規定八十人以上的課要遠距教學，其餘小班的課可以在學校實體上課，但如果有感染的疑慮則可以請疫情假不扣分。結果我的班有三分之一學生請假不來上課，跑去外面玩，結果在公車上被我抓到。我有點生氣，這是辜負了學校放疫情假的好意，也浪費了學習的時光。想不到這些學生理直氣壯的回答我說：「老師您不是說，疫情愈是嚴重不可測，愈要樂觀面對嗎？我們不想留在宿舍『楚囚對泣』，所以才想樂觀一下，去外面散心呀！」原來他們錯解了樂觀的意思。

樂觀不是把事情不當一回事，一天到晚嘻嘻哈哈，樂觀是正確的面對生活中的難題，以「謀事在人，成事在天」的態度，盡力而為。最主要是在遇到挫折時，能看它好的一面，不被擊倒。人只要不被同一塊石頭絆倒二次，就不是傻瓜。

其實樂觀／悲觀是一體的二面，禍福是相倚的，老子說「禍兮福所倚，福兮禍所伏」，沒有悲觀的去正視問題，準備應變就不會有樂觀的結果，所以對抗疫情的焦慮最好的方法是去了解病毒感染的途徑，做好防備，想辦法避免被感染，因為後遺症往往比生病本身更可怕。

這次病毒最可怕的地方是我們不知道它的後遺症有多嚴重。現在已經有好幾個學生跟我抱怨「腦霧」：常常想不起常用東西的名字；東西只要一放下，轉眼就忘放在哪裡；連學生證、公車票這種每天都在用的東西也會找不到。她們一直來問腦霧會好嗎？這種情況該怎麼讀書？我該休學嗎？這是這次疫情最令人擔憂的地方，因為有的病毒潛伏期很長，不容易完全痊癒。這次有很多人確診康復後發「皮蛇」痛不欲生，其實帶狀皰疹就是小時候得過水痘，它的病毒在身體中潛伏幾十年後，趁身體免疫力低弱時，發作出來。

我告訴學生不要輕忽病毒的威力，更不要拿自己的身體開玩笑，不要以為打過疫苗，就什麼地方都敢去。人生最怕的就是少年債，老來還。老時因抵抗力變弱，少年不愛惜身體時所種下的因，屆時都會出來討債，就後悔莫及了。

持續做三好，好品格自然內化於心

多年前，黃春明的黃大魚兒童劇團去偏鄉的國小演出「桃花源記」。有一個學校的老師便在第二天的作文課裡要她的學生寫「我心目中的桃花源」。因為有看過戲，學生都能盡情發揮，但是有個小朋友卻寫：「我心目中的桃花源是父母不吵架，老師不打人，同學不欺負我，街上沒有壞人」，我看了有點心酸，這個最簡單的需求，怎麼變成了他的理想國？家庭和樂、社會安定這不是我們大人應該給孩子的基本生活環境嗎？

加拿大麥吉爾大學神經學家米尼（M. Meaney）的老鼠實驗顯示環境會深入到DNA的層次，從而改變大腦的結構：即母鼠對待小鼠的態度會決定大腦基因的展現與否：一個得不到母愛的小鼠，長大後不會是好媽媽，牠會虐待牠自己的孩子，落實了「禍延三代」的成語。安徒生童話的作者安徒生（Hans Christian Andersen）更說「百分之八十的罪犯來自冷漠沒有溫暖的家庭」，自私自利的冷漠社會會嚴重影響我們孩子的未來。

為此我開始去偏鄉推閱讀，希望家長了解家庭的重要性，孩子了解閱讀的重要性。普利茲獎得主密契納（James Michener）說「一個國家的未來取決於孩子少年時所讀的書，這些書會內化成他對國家的認同，生命的目的，人生的意義以及他對未來的理想」，我希望孩子讀的好書能內化成他好的品格。不過這個歷程很慢，無法立竿見影，而孩子一天天在長大，正在煩惱時，覺培法師請我為《三好，成就孩子好素養》這本書寫個序，我很驚訝的看到，佛光山竟然已經找到方法了，這些三好學校做的正是成就那個孩子心中桃花源的方法！

原來桃花源的境界可以從每個人「身做好事，口說好話，心存好念」開始，當人人開口說好話，做好事時，社會自然安祥，家庭自然和樂。就算一開始時有點勉強也沒關係，效果依然會出現。

司馬光在《資治通鑑》中說「作之不止，乃成君子」：戰國時，魏國的安釐王問孔斌：誰是天下的高士？孔斌回答：世界上根本沒有完美無瑕的君子，如果一定要說，那麼魯仲連可以算一個。安釐王很不以為然的說：魯仲連的行為都是勉強做出來的。孔斌就說：那有什麼關係？一個行為如果不停的做下去，最後就會成為習慣，習慣會成自然，這個人的行為就可以算得上高士了。所以即使一開始勉強做，做久了後，習慣成自然，好行為就不自覺的表現出來了。

現在神經學家可以在大腦中看見，神經迴路因行為的改變而改變：一開始勉強去做這個行為時，大腦會花很多的力氣（即大腦的資源）去把這個行為做出來，但是做的次數多了，迴路的連接被強化了，臨界點降低了，再做時，就只要原來一點點的資源這行為便出現了。持續做下去，最後迴路的活化變成自動化，就不花任何大腦的資源便出現了。所以培養學生說好話、做好事、存好念一定會有效果出來，只要貴在持久。

這三好中，最重要是存好念，心若存好念，人就不會說壞話，就不會引起糾紛，社會就安祥。例如，管仲和鮑叔牙合伙做生意，在分紅時，管仲分的多，有人便替鮑叔牙打抱不平。鮑叔牙聽到了便解釋說：管仲家有老母，需要多分些錢去奉養母親。當事人都這樣說了，別人也就無法挑撥離間了。

所以存好念是最重要的，念頭好了，後面的口和做都會自動表現出來，這一點也是我們做老師感到最困難的地方，因為覺得太抽象，不好著力，幸好從三好學校吃午飯時念偈的經驗，我看到了教的方法，原來心存感恩，正念和好念便自動會出來。

史懷哲說「榜樣是教育中唯一重要的東西」，教育就是模仿，三好校園的推動，校長老師是靈魂人物，他們以身作則，感動學生，從而使學生的三好行為自然出現。

這本提倡做好事說好話、存好心的書令人感動，希望大家都能去讀，因為有感動，觀念就會改變，觀念改了，行為自然改變。相信繼續推動三好學校，我們的社會有一天一定能達到那個孩子心中的桃花源。

改變我們如何學習的科學

常有學生問：老師，台灣每天出版這麼多書，我們怎麼知道如何去挑選值得看的好書呢？

的確，我們常常因為書名很有吸引力而買它，但是回家打開一看，大失所望。因此我的經驗是先讀作者序，因為作者通常會講述他起心動念寫這本書的初衷，這時就不管書名如何聳動（很不幸，這是現代社群媒體的通病，似乎要靠駭人聽聞的標題才能吸引讀者注意），你大約可以知道一下內容在講什麼。

第二是看出版社，有信譽的出版社不會出一些讓它蒙羞的書（台灣有個出版社出版日本的《完全自殺手冊》害死了幾個愛模仿的國中生，結果「千夫所指無疾而死」，它被迫關門倒店）。如果是帶有學術性的科普書就還要看作者任教的學校，原因也是跟出版社一樣，學校重視聲譽，一個人若能在名校教書，品德雖不知道，但至少所講的學術內容不會差到哪裡去。

我就是根據這三個原則挑上了這本《Grasp》，因為我很好奇一個念工程的教授，如何這麼清楚知道桑戴克（Thorndike）和杜威（Dewey）這兩條教育路線之爭呢？一般從事教育的老師都只知道桑戴克的「效果律」和杜威的「做中學」（生活即教育，教育即生活），但是細節並不清楚。我這學期正好有開教育研究所的課，問起學生這兩個學派區別，學生多半是如上回答。但是這兩句話並無衝突，為何會成為兩個派別呢？

本書的作者是麻省理工學院（MIT）的教授，在印度長大，到美國留學，他能清楚的講出這兩派的差異，讓我很驚喜，所以就接下了翻譯的工作。希望旁觀者清，期盼他的見解會帶給我們學生更清楚的理解。

我們過去一直詬病傳統填鴨的教學方式，卻未能提出一個取代它的好方法。最主要的原因是我們一直對人類如何學習：一個人從什麼都不知道的白紙嬰兒成長為學富五車的大師，這中間大腦的歷程和變化不清楚，因為不知道人如何學習，也就無法擬出一個理想的教學方式。

最近幾年因為腦造影技術的精進和核磁共振儀器的普遍，這個謎已經逐漸解開了。去年，法國國家科學院的院士狄漢（Stanislas Dehaene）寫了一本《大腦如何精準學習》（*How We Learn*）就從大腦科學來解釋訊息如何進入大腦，成為我們的知識。他提出了注意力、主動參與、錯誤的立即回饋及記憶的固化四個歷程。現在這本書更從MIT的校訓「Mind and Hand」著手，就機械系的一門課來說明為什麼今天課堂學的立即應用在機器人的操作上會使學生廢寢忘食的去鑽研背後的道理，為什麼MIT這麼看重動手做這個道理，把它當作校訓。作者藉著MIT的微碩士線上學程，不斷的告訴讀者他理想的教育制度應該是什麼。

對台灣來說，傳統的教室教學在新冠疫情傳播危機之下，一夕之間被迫改變，學生全部在家學習，所以書中遠距教學對我們現在一點都不陌生。藉著作者對線上教育的闡述，我希望能改變我們過去對重視成績的偏見。作者說的很好，真正的學習發生在孩子的大腦裡，時間、地點、工具都不是重點。父母不必在意孩子今天學到了什麼，因為他有一生的時間可以學習，真正的贏家跟貫穿全書的機器人比賽一樣，是了解到學習真諦的人。

愛，可以改變孩子的一生

《這一刻，我們緊緊相依》這本書印證了我在研究所時，老師說的一句話，「沒有不可教的孩子，如果這個孩子教不會，那是老師不會教」。

那一年，我在加州大學爾灣（Irvine）醫學院神經科做研究，有一個媽媽帶著她二歲半的兒子來求診，他是個典型自閉症的孩子，不會說話，沒有表情，也不懂別人臉上的表情，而且有強烈的固執性強迫症的現象，做所有事情都有一定的儀式，省略一步都不行。所以當測驗做完，醫生便告訴媽媽：你孩子是重度自閉，一輩子不會叫你媽媽了。這母親當場淚流不止（後來我們知道，不管證據有多充足，醫生絕對不可以把話講的太絕，必須留點空間給奇蹟，因為人的信心常會超越生理和物理的極限）。她回家後便把工作辭掉，全心全意教這個孩子。

當時她並不知道大腦中有鏡像神經元，孩子會在潛意識模仿別人動作的當下，在大腦中，活化做這個動作的運動皮質區。她只知道要孩子叫媽，她必須把這個動作拆解開來，一步一步的教予孩子。所以她就在餵孩子吃飯，湯匙放進嘴裡時，說「啊」，湯匙抽出來時，說「媽」（啊是母音，媽是嘴型，合起來便是「媽」），她每一口飯都這樣「啊，媽」「啊，媽」的重覆做，一天三餐，一年三百六十五天。鍥而不捨從孩子二歲半做到五歲，有一天，當湯匙抽出來時，她的孩子說「媽」，從此這個孩子會說話。

我們當時好驚訝，因為教科書說重度自閉不會說話，這孩子明明就是一個重度自閉者，但是他說話了。我們就去問她，她說：「你教你的孩子是一遍、二遍時，我教我的孩子是一萬遍、二萬遍，我以『萬』為單位。」原來大腦有可塑性，會一直不停的依外面環境的刺激而改變內在神經的連接，這個母親用她母愛的本能，改變了她孩子的一生。

有人說：「當一個行為做了一萬小時以後，他就是這個領域的專家」，本書的主人翁正是一個例證，他在不斷地練習獨輪車後，他前進後退運作自如，也成了專家。原來天下真的沒有不可教的孩子！

現在台灣在推生命教育，很多老師不知道用什麼方式去感動孩子，讓他們感恩惜福，這本書正是教生命教育的一本好書。人生本來就是不停的奮鬥，面對挫折的態度是「下雨了，把傘打開」，不要浪費時間抱怨，兵來將擋，水來土掩，努力向前，豐收自然在望。

養之恩

嬰兒有情緒嗎？

人一生下來就有情緒嗎？很多人很好奇，嬰兒有情緒嗎？

有的，他們在媽媽肚子裡，就已經有情緒了。實驗者把糖水注射進母親的子宮時，胎兒會猛吞羊水，但注射檸檬水進去時，他們就瞇眼、咂嘴唇，跟我們吃到酸水果時的表情一樣。

嬰兒有情緒，匱乏時會哭，滿足後會笑，跟大人一樣，連大腦中，掌控情緒的地方都和大人一樣。研究發現大人在看喜劇時，左邊的前額葉皮質活化的比右邊多；在看悲劇時，右邊的活化得比左邊多。嬰兒也是，在滿足的嬰兒身上，左邊大腦活化的程度比右邊高。

不過嬰兒還不會控制他的情緒，因為控制情緒的前額葉皮質還未成熟，這是大腦最晚成熟的一塊，遠落後掌管情緒的邊緣系統，不過這不表示情緒控制不可以教，事實上它不但可以教，而且還要從小教，因為行為的產生來自神經元的連接與活化，神經迴路可以因練習而強化。大腦若持續活化某些迴路，可以加速皮質的成熟。

如果鼓勵孩子自我控制脾氣，那麼他在情緒上，會比亂發脾氣，沒人管教的孩子成熟。不斷刺激大腦某一組細胞會使這些細胞更敏感，更容易被激發，就像電視如果一直開著，那麼不需要熱機，影像馬上會出來。

在大腦中，訊息的傳遞是靠電流在神經纖維上行走，我們的眼睛看的是光波，耳朵聽到的是聲波，但是它們進入大腦後，都變成電波。我們的神經纖維外面包有一層防止電流短路的絕緣體——髓鞘。神經迴路被活化的次數愈多，它的髓鞘愈厚，神經傳導的速度愈快，久而久之，它變成自動化，成為我們的習慣，孩子就學會正確的行為不亂發脾氣。

密西根大學醫學院神經科柴嘉尼（Harry Chugani）教授認為孩子小時候必須有適當的情緒刺激，長大後才能感受到這些情緒。他在替羅馬尼亞孤兒院的孩子做正子斷層掃描時，發現情緒發展的關鍵期很短，窗口很早就關閉了。這些被美國家庭收養的羅馬尼亞孤兒，雖然在美國生活了十年以上，但是因為童年的悲慘經驗，他們無法正常的展現喜怒哀樂情緒，他們冷漠，沒有表情。

過去父母認為嬰幼兒的海馬迴還沒有成熟，他們沒有記憶，不會記得童年發生的事，可以交給保姆或長輩帶，進幼兒園再接回來即可，現在知道幼年期是重要的。嬰兒的杏仁核一出生就有功能，幼兒情緒若沒有正常的發展會影響他一輩子的幸福，而且這些外在環境的刺激會深入到DNA的層次改變孩子大腦結構。

哈佛大學醫學院泰闕（Martin Teicher）教授的研究也發現童年身體和語言暴力（包括譏諷、排斥、冷漠、責罵）會影響大腦的發展和功能。他比較了五十一個受虐兒和九十七個正常兒童，發現受虐兒連接兩個腦半球的胼胝體比較小，小腦蚓部（cerebellar vermis）血流量少，造成情緒不穩定，他們的自殺念頭比正常人高四到五倍，加州大學聖地牙哥校區的史丹（Murray Stein）教授研究也發現受虐者的海馬迴比正常人小了五％。

人類雖然天生有注意力聚焦的能力，但不是天生就有控制衝動的能力，它需要訓練，這個能力並不會隨著年齡而自動出現。幼年期，孩子的情緒經驗主要來自家庭，因此父母彼此恩愛，不在孩子面前吵架會給孩子安全感，這是情緒成長最重要的條件，父母也盡可能不要一直換保姆，不然孩子和照顧者無法形成依附（attachment）。父母只要給了孩子足夠的安全感，就不必為沒能提供他更好的物質享受而內疚，因為那個部分不重要，是孩子長大後不會記得的。

輸贏只是一天的感覺，它不決定你的命運

十月，秋高氣爽，是學校辦運動會的好季節。今年因為疫情關係，很多學校取消了比賽。我的朋友聞訊鬆了一口氣，因為她的孩子非常在乎輸贏，只要學校有活動，她家就雞犬不寧：沒有被老師選上表演，要哭，運動會跑輸人家更要哭。她很憂心，如果一個八歲的孩子這麼在乎輸贏，以後人生的路怎麼走？

人都喜歡贏，又都好面子，因此比賽的確是個壓力，但是人需要壓力才會成長，所以我跟朋友說，孩子的可塑性很強，現在改她的觀念還來得及，請每天跟孩子說：輸贏都是一天的感覺，第二天還是需要正常過日子，你要把這個觀念像喊口號一樣，每天說，直到深入她的腦海中，變成自動化的念頭和想法。你要使她每次一輸要哭時，這個念頭便會自動出來告訴她，這個輸贏只是

一天的感覺，我明天會更努力使我自己更好。

其實贏最可怕的地方是你會整天擔心你的第一名不保，反而第二名給你動力，讓你持續前進。我很欣賞二〇二〇年奧林匹克跳水冠軍的十四歲女孩全紅嬋，因為她完全不把得分和名次放在心上，只是專心一致的跳水。電視機捕捉到她拿到跳水滿分時，臉上並沒有特別的表情，甚至沒有回頭去看記分板。她在這次比賽中，一共拿到三次跳水的滿分，是破了奧林匹克的紀錄。一般人會在第一次拿到全部十分的成績後，患得患失，影響第二次的跳水。但她沒有，淡定且專注的跳完五次的比賽，成為世界的冠軍。其實孩子只要不在乎輸贏，表現反而會好，因為沒有了心理壓力。

現在很多人不喜歡比賽，覺得沒有必要去打擊自己的自信心。但是沒有比，不知道自己的定位，就不會進步。只要不在乎輸贏，比賽是一個鞭策自己很好的方法。孔子說「見賢思齊，見不賢而內自省」，切磋的意義就在這裡。更何況比賽可以交到終身的好朋友，因為會來參加的多半是有共同興趣的人，志同道合的友誼才可以長久。

人喜歡贏，因為贏的感覺的確好，大腦的愉悅中心會分泌很多的多巴胺出來，讓你整天走路都飄飄然，尤其這個贏是經過自己努力，靠實力得來的，更值得驕傲。不過比賽輸了，哭一哭也無妨，哭也是情緒發洩的一個方式。

比賽最怕不公平，只要是公平的，都可以鼓勵孩子參加。若是一輸就修改遊戲規則，那麼就不要讓他去參加，世事不公，我們大人都知道，但是不要讓孩子太早變得憤世嫉俗，這會影響他的健康。

愛孩子，就請鍛鍊他

一位朋友的孩子最近行為出現偏差，老師警告他，要他多注意孩子，因為青春期是個關鍵。他忙於事業，無暇顧及他事，特來問：青春期為什麼特別重要？

這個時期的孩子性荷爾蒙大量湧出，情緒不穩定，喜歡生氣，不易溝通。他們一方面在追求自我，一方面又不知道什麼叫自我，所以迷惘又徬徨。

雪上加霜的是，大腦中主宰情緒的杏仁核已經成熟了，但是掌管理智的前額葉皮質還沒有，這個時間上的不對等，使得他們在處理情緒上，變成油門很猛，剎車卻無力，所以常會暴衝，不小心就觸法或懷孕，影響了未來。

尤其現在的青春期提早到國小五、六年級；而前腦卻延後到二十三歲左右才成熟，難怪很多老師覺得現在的研究生像大學生，而大學生像高中生了。

我勸朋友暫緩事業，孩子才是他一生最大的投資，要把時間花在最重要的事情上。他告訴我，小時候家貧，無力繳營養午餐費，雖然老師讓他跟別的同學一起吃，但是總有同學抗議，大聲叫「老師，他沒有交錢，不能吃我們的飯」；加上每學期無法準時交學費，被罰站升旗台，讓他羞愧到無地自容。他發誓永遠不要讓他的孩子再受這樣的屈辱，他要讓他的孩子一輩子不愁吃、不愁穿，他要給他們，他父親不能給他的一切。我聽了很感慨，很多父母都是拚了命的為孩子攢錢。他們不知道，完全不必工作的生活其實對孩子不利，至少老鼠的實驗顯示反而會造成家族滅絕。

一九四七年美國國家心理衛生研究院（NIMH）的卡爾宏（J. B. Calhoun）圈了一塊一萬平方英尺的地養挪威鼠，看生活在食物充裕、沒有天敵的環境中，老鼠社會行為的改變。

本來五隻母鼠在這麼大的空間，二年應該可以繁殖出五千隻小鼠，但是這些老鼠並沒有達到他的預期，生到一五〇隻左右就穩定下來了。牠們形成十二個到十三個群組，每組十二個左右，若超過，壓力和族群合諧會使一些老鼠離窩出走，另起爐灶。

大約六百天後，他觀察到這些老鼠不再交配了，公鼠不再求偶，母鼠不再生育，小鼠尚未斷奶也不再哺乳，牠們把所有時間拿來梳理自己，把自己打扮成「漂亮的一群」（The beautiful ones），像個自戀的水仙花。牠們也不再護衛自己的地盤，每天吃飽喝足就躲在窩中，什麼事都不做。同性戀行為的增加使族群數目整體下降，最後趨近零。

到二十八個月後實驗結束時，剩下的幾隻老鼠竟是「無性」（asexual）。卡爾宏以為他替老鼠建立了一個烏托邦（utopia），想不到這個不愁吃、不愁穿的天堂卻變成了老鼠的地獄（hell）。

當然人類的社會比老鼠複雜的多，但是許多行為學者認為這個實驗也能應用到人類身上。孟子曰：「生於憂患，死於安樂」，完全的衣食無憂會使動物失去生存的動力，沒有鯰魚的衝撞，沙丁魚就無法在長途轉運中保持鮮活；柿子樹若不環狀剝皮就會落果，不會結柿子綿延下一代。

逆境才會激出潛能，真正愛孩子，就請鍛鍊他，給他教育，但不要給他財產。只有靠自己吃到的飯才能吃的久、吃的飽。

教養的三十二原則

最近連續發生富二代撞毀價值數百萬元名車的新聞，有人在媒體上感嘆，俗話說的「富不過三代」真沒錯，在夜店喝酒到天亮，撞死清晨出來運動的老人及打掃街道的清道夫。這些話引起很多人共鳴，紛紛留言為什麼富會不過三代，金錢、權力如何使人腐敗。我則沒有那麼悲觀，我認為只要每一代的媳婦娶的好，這個家就可以保持不敗。

我有一個朋友，初認識她時，並不知道她家有錢，是富二代，因為她和孩子都很樸素，沒有穿名牌、拿名包，跟我們開會也是吃便當。我們一直到相識幾年後，去她家整理募來的冬衣時，才發現她家是個獨門獨院的房子，院子大到可以種菜。這在寸土寸金的台北市簡直不能相信，尤其現在的台北市是打著燈籠也找不到獨幢的房子，我們每個人幾乎都受過公寓住戶參差不齊之苦，尤其曾經住過美國屋大地大，鄰居老死不相往來的人，更不能忍受樓上樓下半夜發酒瘋的情形，因此大家都好奇她家如何能保持三代仍然富足？便在打包衣物時，問她教養孩子的方法。

她說每個孩子都是一本無字天書，只能摸著石頭過河，順著他們的天性教。教養的方式雖然不同，但原則一定要完全相同，就是全家三代只能有一個共同的教養規則，而且父母絕對不能偏心，必須事事作榜樣，自己以身作則，自己做不到的便不能去要求孩子。她說她剛嫁進門，婆婆就告訴她：不管上不上班，小孩一律自己帶，不可假手他人，因為自己帶才知道孩子的需求，才會有緊密的親子關係，一旦孩子有話願意跟你講，孩子有煩惱會告訴你，這個孩子便不會變壞。她要孩子是因為愛她、不要使她難過才聽她的話，而不是因為怕她打才聽話。

她說她們家，凡是孩子可以自己做的事都讓他們自己做。一歲左右，小手握的住湯匙後，就讓他們自己吃飯，不再餵了。家中雖有佣人，家事一樣要分擔，因為佣人是父母請的，不是伺候他們的。她還有個三＋二原則，就是孩子做對五件事，誇獎其中的三件，剩下的二件挑出可以進步的地方，讓孩子隨時準備承受「無預警挫折」。或許是這樣，她的孩子後來都很成材，沒有靠家裡養。不過有一次，她的老大告訴我，他們每天都很期待去上學，因為上學比在家輕鬆。

一個家庭不管有錢沒錢，只要大人能豎立典範和榜樣，孩子就能出頭，孩子若成材，怎會富不過三代呢？

幸好有媽媽……

最近跟學生上課，上到雄蜂「沒有爸爸，卻有外公」時，學生都很驚訝，因為他們從來沒有這樣想過，雖然他們都知道雄蜂是未受精卵孵化出來的，所以沒有爸爸，而蜂后是受精卵，有父親，所以雄蜂有外公。一個學生說：「幸好牠有媽，不然就沒有牠了。」

這使我想起不久以前，陪朋友帶她的母親去看病，我們掛完號，突然發現老人家不見了，朋友急的大喊：「ＸＸＸ，妳在哪裡？」我好驚訝：「妳怎麼可以叫妳媽媽的名字？」她說在人多的地方，她都這樣叫，因為外面「媽」太多了，只叫媽，不知多少人會回應她。我當下覺得台灣人好幸福，比起烏克蘭的骨肉離散，我們這邊有這麼多人有媽可以叫。也覺得一個人若能做媽也是很幸福的事，因為孕育一個生命的快樂和意義是金不換的。

我記起以前老師在我們讀白居易《太行路》，「人生莫作婦人身，百年苦樂由他人」時，憐憫的眼神，因為我們全班都是女生。幸好我們這一代沒有這麼悲慘，但是老師忘記了，只有女生可以做媽媽，上天賦給女生的這個福氣是人世間任何高官貴爵都不能比的，因為演化上，成功的定義是把自己的基因傳下去，女生知道孩子是自己的，因為從己身所出，而男生不知道，光是這一點，就值回做媽媽辛苦的代價了。

的確，女性在這社會很辛苦，書要比男生念的好，家裡才會讓你去讀書，事情要做的比別人好，老闆才肯付你同樣的薪水，但是它也迫使你不斷的去超越自己，不作躺平族。最近讀《疫苗先鋒》，發現製造出AZ疫苗的二位科學家都是女生，支持她們不計成敗，放手去做的老闆也是女生，牛津大學疫苗實驗室的人員從名字看來，幾乎都是女生。其實教育女生比教育男生重要，不要怕富不過三代，只要第二代的媳婦好，富就可以傳三代。拿破崙說一個孩子行為舉止的好壞，完全取決他的母親。當你教育一個女童，你教育的是整個家庭和下一代，媽媽好，孩子就會好。

上天是很公平的，在動物界，扶養孩子的那一方活的比較長，例如南美洲的伶猴（Titi）是公猴扶養幼猴，公的就比母的多活二〇％，母猩猩及母紅毛猩猩是幼猿的唯一照顧者，母猿就比公猿多活四二％，在野外，母猿比公猿多三倍，所以照顧別人雖然累，對自己卻更有利，會活的長能看到子孫的繁衍。

為什麼女生壓力大卻仍可以活的長呢？研究發現減低壓力最好的方式是去幫助別人。加州大學（UCLA）的研究者請大學生一組握朋友的手，另一組用力擠一個壓力球。結果發現握手可以增加大腦中報酬系統的活動，同時減少負面情緒杏仁核的活化；但是擠壓力球，不但沒有減低杏仁核的活化，使壓力減少，反而減少了報酬系統的活化，使自己覺得無能（powerlessness）。

賓州大學的研究也發現幫助別人會減低壓力，增加自己的自信，這個自信會使自己快樂，這個快樂就是照顧者活的比較長的原因了。

有媽的孩子是寶，沒娘的就變成了草，現在還有媽可叫的人，快快回家去叫媽吧！

不用別人的尺來衡量自己的孩子

我父親在世時，常跟我們說「飽漢不知餓漢飢」，要我們從別人的觀點來體諒人家的痛苦。最近看了一本《爬樹的魚》（*Fish in a Tree*），就更深刻了解為什麼父親會覺得換位思考很重要，因為它是同理心的根源。

我會注意到這本書是因為它的書名，愛因斯坦曾有一句名言，「如果用爬樹的能力來判斷一條魚，牠將終其一生認定自己是個笨蛋」，因此猜想這本書的主人翁應該是個有能力，但不是大家公認能力的孩子。果然這是一個有關閱讀障礙的故事，小女孩不敢讓人知道她不能讀，所以犯下了很多大人認為是故意找碴的錯，例如老師要生孩子了，全班要給老師一個派對（baby shower），派她去買卡片，她不能讀卡片上的字詞，只覺得黃色的菊花很美，便挑了這張，不知道這是張慰問卡，是家中有人死亡，慰問的卡片，老師看了很傷心，以為她希望老師肚裡的寶寶死掉。又如校長本想替她開脫罪名，故意把她叫到老師辦公室，指著牆上的海報叫她唸，她張口結舌，唸不出來，因為那些字對她來說，就是一團蚯蚓，她完全不知道那張海報其實是同學寫的祝賀詞，她的無言反應使得校長以為她是故意不唸，存心頂撞他，便不再替她說話了。

這個故事使我想起一九七六年去法國開會時，發現法國人很自傲，不肯講英文，法國的火車站一個英文字也沒有，我在車站，看著牆上的班次表，當時的感覺就像這個孩子一樣，惶恐，無助不知所措，不知該上哪一節車箱好。這個經驗使我愈加同情有閱讀障礙的孩子。

其實閱讀障礙有基因上的關係，跟染色體2、3、6、15、18有關，全世界約有六%的孩子不能閱讀，其中最有名的有邱吉爾、畢卡索、愛因斯坦、洛克裴勒（Nelson Rockefeller）、李光耀、小布希總統、影星湯姆克魯斯，以及二位諾貝爾獎的得主：一九八〇年的貝納塞拉夫（Baruj Benacerraf，發現了控制免疫反應的遺傳的細胞表面結構）和二〇〇九年的格雷德（Carol

Greider，發現了終端酶，Telomerase）。他們雖然都有閱讀障礙，卻一樣都為人類文明做了貢獻。

這本書讓我們了解，每個人都有他的長處，也有他的短處，做人應該「看人長處，幫人難處，記人好處」，既然孩子出社會後是用長處來跟別人競爭，我們就去發展孩子的長處即可，學校的教學為什麼偏要截長補短，不停的提醒孩子他不行呢？

其實建立孩子自信心最好的方法便是發展他的長處，不去管他的短處，你會發現長處後來會把他的短處帶上來，有個數學不好的學生考上大學的經濟系後，原來困擾他的數學突然就會做了，因為他對自己有了信心。

孩子的自信心來自同儕對他的肯定，改正孩子短處最好的方法也是放大他的長處，當他有了自信心，那些短處自然被提升起來成為長處，因為他不再害怕自己的短處了。各位家長不妨試試，這是好幾個實驗的結果。

總之，了解孩子的長處，忽略他的短處，是教養出健康快樂兒童最好的方法，父母切記千萬不要用別人的尺來衡量自己的孩子。

品德的培養是潛移默化的歷程

一本十年前的書，如果出版社要再發行，必然有它的道理，也就是說，社會有這些需求。這需求是什麼呢？它就是本書《通情達理》的副標題——品格。

為什麼要強調品格？因為品德是教養孩子最重要的項目。常言道：有德有才是上品，有德無才是次品，無德有才是毒品，無德無才是廢品。毒品害人無數，罪大惡極，廢品則根本不需要浪費食物去養他。過年時，金光明寺的住持覺培法師有感於現代家庭功能不彰，甚至瓦解，以至於虐童案一再發生，她請我去跟來上香祈福的信徒們談談家庭教育的重要性。當法師問：家庭教育包羅萬象，你們覺得哪一個是家庭教育的核心？底下的聽眾互看一眼，異口同聲的回答「品格」。是的，品格的確是家庭教育的核心，一個人能力再好，品格不好，他對國家民族的禍害更深更大，漢奸即是一例。

有家長表示，品格太抽象，不知從何教起，他是心有餘而力不足。其實品格一點都不抽象，它就是我們日常生活的態度——我們的說話習慣、做事習慣、衛生習慣、睡覺習慣、讀書習慣等等，加總起來就是我們的品格了。因為是習慣，古人才會說「誠於中，形於外」，習慣假不來，一不小心，馬腳就會露出來。習慣很重要，需要從小培養，因為壞習慣養成，長大後，花十倍力氣都不見得改過來。

那麼為什麼要再出增訂版來推動品格教育呢？因為神經學家注意到第一次就做好的重要性，我們的大腦中有鏡像神經元，專司模仿，它是最原始、最不費力的學習，童年的學習是內隱的學習，是看在眼裡，記在心裡，孩子天生就會模仿的，但是因為不知怎麼學的，也就不知道怎麼去忘記它，因此不費力學來的東西，要忘記它也就更困難。為此我們看到家庭教育的重要性，家庭是最早的學習場所，父母是最初的老師。所以要教好孩子的品格需要父母以身作則，從孩子很小的時候就做正確行為的榜樣給他看。史懷哲說「教養無他，榜樣而已」。

台灣現在的社會愈來愈輕浮（政治人物大搞網紅是一例），愈來愈不辨是非（總統府強辯自自冉冉也是一例），倫理綱常愈來愈敗壞，君不君，臣不臣，父不父，子不子，令人非常憂心，因此品德教育在現在可以說迫在眉睫，父母必須知道教養孩子的品格是父母的責任，是責無旁貸的。

養成孩子的好習慣對孩子本身也有利，太陽底下沒有新鮮事，已有之事必再有，已行之事必再行，從過去的經驗，我們看到品格決定命運，習慣決定機會，一些看似無傷大雅的習慣會決定一個人的成敗。在人浮於事的時代，一個小小的無心動作就會決定求職的成敗。曾有一個學生去面試工作，進門時自顧自進去，沒有替後面的人扶一下門，讓門彈回來，打到後面跟著進來的人。那個人「哎」了一聲，他回頭看了一眼，覺得不關他的事，沒有表示歉意，就按電梯上樓，他沒想到那個人就是面試他的老闆。另一個學生是在電梯內剔牙，被老闆看到這個不雅的行為，下次升遷時跳過他，因為老闆認為他的衛生習慣不好，不適合代表公司出外談生意。

我跟學生談到這些小事時，很多學生都不知道為什麼不可以。他們不知道這些小小的服務其實是一種體貼，是人際關係中很重要的一環。一般大門都比較重，前面的人費勁把門拉開了，那麼扶著門，讓後面的人輕鬆進來是順手之勞，也是一個禮貌，尤其後面是老人家的話。至於不好的衛生習慣會令人噁心，別人避免跟他在一起也就是當然的事了。

其實現在很多大學生連怎麼稱呼人、怎麼說話都不會。有個學生要找老師討論論文題目，寫電子郵件跟老師說，「下面是我有空的時間，你任選一個」。老師拿著這封信問班上學生，你們覺得應該怎麼寫才恰當？一個人說：應該要在後面加個「喔！」，聽了令人氣結。我也有學生寫信來要分數，最後討好的寫道：「老師你要幸福喔！」好像加個「喔」撒個嬌就有禮了。不知道現在的人是真的不知道進退應對的禮貌，還是受到整個社會幼稚化的影響，很多人不管年齡身分，照相一定要擺手勢，說話一定要嗲聲裝可愛，其實任何不符合年齡身分的舉動對別人都是不禮貌。

我們常忘記生活教育才是教育的真諦。美國安迅資訊公司（National Cash Register）的總裁艾林（Stanley Allyn）很早就看到人際關係的重要性，他說「現在世界上最有用的人是那些懂得與別人相處之人，人際關係是人類生存最重要的科學」。人際關係要從生活中去體驗，從閱讀別人的經驗中去內化。尤其現在知識翻新的那麼快，學生離開學校出社會所要用到的知識還未發明，工作也還未出現，所以學校除了教四個基本的「聽說讀寫基本功」，讓孩子有能力去學將來任何新的東西之外，剩下的就是教孩子做人做事的道理了。我們小時候常跟著父母出外訪友，學習稱呼及應對進退之道，現在父母忙於生計，無暇教孩子，只好靠閱讀好的經典書，讓書中的先聖先賢來教孩子了。不管科學怎麼進步，社會怎麼變遷，人類社會基本的核心價值觀——忠誠、正直、公平、正義是不會變的，這是為什麼孩子要閱讀好書。

其實，父母更需要看書，大人必須與時俱進，才會贏得孩子的尊敬，教養才有效，因為一個人不會聽他不尊敬人的話。因為模仿的天性，父母看書，孩子也會跟著看書，從而養成閱讀的習慣。閱讀是父母給孩子最好的禮物，它像是一把鑰匙，打開人類知識的大門。一個有閱讀習慣的孩子永遠不會寂寞，因為他有書相伴。

有書相伴，從精神上得到滿足，這是一個人在現代社會中能得到快樂的最高境界。

孩子自己可以做的事，請都讓他自己做

昨日在捷運上，看到一個孩子大聲罵他媽媽：「都是你，你沒有陪我做功課，害我習題漏掉一題沒有做，今天被老師罰，都是你害的！」那個媽媽低頭連聲說對不起，像個小媳婦。我好驚訝，做功課不是自己的責任嗎？怎麼變成媽媽的事，自己漏做還敢怪媽媽？更奇怪的是這媽媽怎麼不生氣，反而唯唯諾諾的認錯？

坐在我旁邊的朋友正好是位國小老師，我悄聲問他：「這是怎麼回事？孩子敢跟媽媽這樣講話，要造反了嗎？」他嘆氣說：「現在父母寵孩子，是名符其實的孝子，下班回家沒得休息，得先看孩子的功課。我們以前沒有聯絡簿，現在有聯絡簿要父母簽名，好的是，父母知道孩子在學校的情形，但相對的，也把一部分孩子的責任轉嫁到父母身上，變成要替他看功課了。至於孩子說話的方式，比這個更糟的還有呢！你問的倫理道德課早就沒有了，現在改為素養，還要考，表示教育部已經看到它的重要，所以要考，只是不知道它對品德教育的作用有多大」。

我深入去了解了素養後，發現素養所強調的「知識、態度與能力」，在倫理道德層面上，其實就是我們平日教孩子怎麼過日子（生活的能力），怎麼待人接物（態度），怎麼讀書（知識）的方式。這種內隱行為的養成需要從小開始，因為它的機制是模仿。只要父母在日常生活中，做好榜樣，透過潛移默化，孩子自然形成正確的生活習慣、恰當的待人接物禮儀。

家庭是最早的學習場所，父母是最初的老師，這是為什麼古人說「養不教，父之過」，《顏氏家訓》也說「教婦初來，教兒嬰孩，識人顏色，知人喜怒，使為則為，使止則止」，這些行為必須從小教才會形成習慣，成為第二本性。

最近高希均教授在《遠見雜誌》中提出六個自立，其中第一項便是自己的功課自己做（其餘的五項是：自己的工作自己找，自己的幸福自己建，自己的舞台自己創，自己的晚年自己顧，自己的善終自己定），孩子的責任是完成功課，父母只是在旁陪伴和解惑而已。

其實一個人成不成材就是看他能不能承擔責任。功課很好、能力很強的人如果遇到事就推委、不敢承擔責任，是沒有人敢用的。自己的功課自己做便是承擔責任的一種，請父母放手，凡是孩子自己可以做的事，都要讓他自己做。現在很多社會的亂象，如台鐵普悠瑪事件、東南水泥雙鐵斷電事件，都是施工者沒有責任感的後果。

最近美國國家心理衛生研究院（NIMH）一個長期的大腦發育掃描研究發現這一代年輕人愈來愈晚成熟，男生到二十五歲，女生二十三歲。大家在尋找原因時，我在想，有沒有可能是因為少子化的關係，父母太寶貝孩子，捨不得讓他長大，不讓他去承擔任何事，使他的大腦因缺乏經驗而晚成熟了呢？

是身教，還是在做佣人？

有位家長來信說，她以前用言教，每天耳提面命地說教，結果孩子嫌她嘮叨，親子關係緊張。於是她便改用身教法，不再跟在孩子後面唸，而是自己做：屋子亂了她收拾，地板髒了她來拖，結果孩子仍然一樣邋遢，完全無動於衷。她說她收拾的速度趕不上孩子弄亂的速度，問為什麼她的身教沒有效？

我看了啞然失笑，這位媽媽不是在身教而是在做佣人！身教主要是價值觀的傳遞，它是耳濡目染，潛意識的模仿，不需特別教，看了就會。例如父母孝敬他的父母，孩子有樣學樣，將來也會孝敬他。孩子小的時候很崇拜父母親，會不由自主地模仿父母的行為，父母便在不知不覺中，影響了孩子的態度和行為，因此每個孩子身上都有父母的影子，所以我們才有那個俗語「龍生龍，鳳生鳳，老鼠的兒子會打洞」。

至於收拾房子、做家事那是家庭成員的本分，《顏氏家訓》說「教婦初來，教兒嬰孩」，這勞動的習慣要從小養成，因為好逸惡勞是人的本性，有人代勞，自己便懶得做了。

這位媽媽誤解了身教的意思，不過不要氣餒，她對孩子還是有影響的，只是現在看不出來。我小時候去同學家玩，發現每個人家拿掃帚掃地的方式不同，連盛飯的方式都不一樣，原來媽媽不同，家中過日子，做事情的方式便不同了。

我母親做菜時會把蔥、薑留一點給明天用。其實台灣早期沒有冰箱，主婦們是每天上街買菜的，那些蔥薑最後還是丟掉。但是四十年後，我去我妹妹家做客時，在她身上，看到了母親凡事留一點的習慣。這就是身教，父母無意中的影響。

至於嘮叨，實驗發現，大腦是喜新厭舊，就是英文那句「familiarity breeds contempt」，當一句話一直重複時，大腦會不再處理它。因為大腦的資源有限，它不能浪費在已經知道不會害自己生命、很熟悉的東西上面，它的資源要用到快速對自己跑過來，可能會謀財害命的刺激上。這是為什麼我們看到別人突然快速跑起來，會不由自主的先緊張，甚至自己的腳也會想跑，因為演化讓我們知道先下手為強，後下手是遭殃，跑晚了一點，可能看不到明天太陽的升起。

這個不處理的原理跟「入鮑魚之肆，久而不聞其臭」的道理一樣，當我們進入魚市場，聞到一股撲鼻的魚腥味時，我們會不由自主閉住呼吸，因為演化讓我們知道腐敗的臭味通常是有害的，這時透過鼻子送到大腦嗅腦的味道會馬上被處理，立刻分辨它是煤氣？是毒氣？會不會害我性命？二分鐘以後，前腦確定它是不會害你性命的魚腥味，大腦便不再處理它，這時若給你一個便當，你便會坐下來享用了。

大腦跟孩子一樣，喜歡新奇，不喜歡一成不變，更不喜歡嘮叨。重複說教沒用，當大腦不再處理你的聲音時，孩子就有聽沒有見了。

強化大腦執行功能在家就能做到

一位朋友來問：什麼叫大腦的執行功能？有人勸他讓孩子去補這個，說可以強化孩子的前額葉皮質功能，對孩子的學習、記憶和注意力都有很大幫助。他有點猶疑，因為過去誤信「不要輸在起跑點上」這句廣告詞，讓他的兒子七天補八個習，造成很大的親子衝突，但望子成龍心切的他，還是想讓孩子去補補看，所以在幫孩子報名之前，先來問我一下。

大腦的前額葉皮質最重要的功能就是執行功能，包括注意力、記憶、計畫、策略和情緒控制等等。它像飛機場的塔台，控制著飛機的起降。前額葉皮質指揮我們先做哪一件事，後做哪一件事，如何排除干擾和控制衝動等。這裡受傷的病人，因為失去了安排優先順序的能力，雖然智商完好，卻無法有效率的做事。

執行功能中的各種能力，如注意力，可以透過生活的練習而強化，不必特別送補習班去練習。注意力會重要是因為大腦的資源有限，不能處理所有的訊息，因此只有我們在乎的、有興趣的訊息才得以進入大腦，注意力便是決定誰可以進入的把關人。

訓練孩子專注力最好的方法是從小親子共讀，因為故事有情節，孩子急著想知道最後的結局，所以注意力不會游離。加上講故事時，面孔有表情，聲音有抑揚頓挫，當我們慢慢加長故事的長度時，孩子的專注力便延長了。

另一個重要的執行功能是情緒控制。人不是天生就有控制衝動的能力，因為管情緒的杏仁核比管理智的前額葉皮質早熟，所以小孩子很難控制他的情緒，在累的時候，孩子更是容易大哭大鬧，因為累代表大腦的資源不夠了，當前額葉皮質沒有足夠的力氣去控制比較強勢的杏仁核時，脾氣就暴發出來了。

因此只要平日生活有規律，不讓孩子太累，不縱容他要賴，不因他大哭大鬧而投降，孩子便不會動不動就躺在地上打滾。我們更要找機會教他處理情緒的正確方法。例如孩子摔跤了，告訴他：沒有關係，爬起來就好。你不大驚小怪，他就不緊張，下次再摔跤時，想到媽媽的話，自己就爬起來了。可是如果他摔跤，父母急忙跑過去抱他、安慰他，他馬上覺得摔跤是個大事，自己受委屈了，若父母還拍打地板說：「都是地板不好，害你摔跤」，那麼下一次他摔跤時，他就會覺得委屈而大哭，更會去怪罪別人害他。這是很不好的，我們不要養成孩子凡事找替罪羔羊的壞習慣。

大腦發展有一個很重要的觀念就是「成熟」，皮質成熟了，我們平日又有好好的教，這些執行功能自然水到渠成，不需花錢去補。蘇東坡有一句詩很好：「待他自熟莫催他，火候足時他自美」，揠苗助長是完全不需要的。

聯合國兒童基金會說「幼兒園最需要教的是情緒的控制和好習慣的養成，它比閱讀跟數字的概念更重要」。也就是說，養成孩子好的生活習慣和不亂發脾氣的個性是他將來成功的翅膀，幫助他一飛沖天。

男孩的成長需要適當的教育與引導

以前我做學生時，班上沒有一個同學是過動或注意力缺失，現在幾乎每一班都至少有一個，有的班還高到四、五個。頑皮的孩子自古至今都有，男生沒有調過皮、挨過打，好像就不可能長大，但是皮到要帶去給醫生看、要吃藥，好像是沒有。所以這個注意力缺失過動症（Attention-Deficit Hyperactivity Disorder, ADHD）就變成了二十一世紀非常引人矚目的疾病。但是為什麼本世紀有麼多過動／注意力缺失的孩子，而且為什麼男生居多呢？

疾病應該是不分性別一律肆虐的，如果分性別，那麼可能有基因上的原因，使某個性別容易受疾病的侵害；也可能有社會的因素，對某個性別特別不利，所以值得研究。他發現真正應該吃藥的過動兒不多，許多是誤診，吃了不該吃的藥，因為父母的期待和老師、醫生的方便（沒有父母能接受我的孩子功課不好是他比較笨的關係，如果是疾病，那麼父母顏面沒有失，畢竟人要生病是沒有辦法的事；服了藥，孩子安靜下來，可以坐在課堂上聽講了，對老師是個很大的精神壓力解脫；很多醫生是只要病人不抱怨，老師、父母都要求用藥時，開了藥皆大歡喜，所以治標的各種藥物就愈開愈多了）。但是基本上，這是鋸箭療傷的方式，並不能解決問題。

過動／注意力缺失是男孩、女孩都有的毛病，為何醫生們只偏重男生的現象和發生原因呢？這是因為男生情況比較嚴重，先從嚴重的救起。在大腦的發展上男生成熟得比女生慢。美國國家衛生研究院（NIH）曾經做過一個大型的大腦發展造影研究，掃描了一千七百多個從幼兒園到青春期孩子的大腦，結果發現男生與女生在大腦不同區域成熟的順序和時間不同。一般來說，女生早熟，甚至可以早到兩年的差距，所以有些六年級的女生看起來像高中生，有些國二的男生看起來像五年級小學生。最近比較人類學的基因研究發現，男生與公黑猩猩有九九．四％的基因相同，比與人類女性的共同基因還多一些。所以男生在看、聽、嗅覺方面與公黑猩猩的相似性大於人類的女性。這一點對了解性別差異很重要，男女在處理事情上的不同是來自大腦結構與神經迴路活化上所造成的功能上的不同。

在台灣談性別差異是件危險的事，我曾因為談到男女在同一件事的處理上大腦有不同之處，而被猛烈攻擊，甚至黑函說我政治不正確。但是在實驗上的確有看到差異，所以必須要講。其實每個人有每個人擅長的地方，真正的男女平等應該是每個人去做每個人擅長的事，不論它是刻板的男生的事或刻板的女生的事。法律要保障的是機會的平等和薪水的平等。男女在大腦上的確有不同，所以男生需要適合男生天性的課程表，從他們的長處切入，去開啟教導他們的心智。男生需要常常去戶外活動，在大自然中觀察，從實際動手操作中學習（其實女性也是需要）。如果孩子花很多時間在電腦螢幕前面而不在戶外，會有所謂的「文化自閉症」（Cultural Autism），最後形成被孤立、牽制、阻遏的那種「隧道感官」感覺（Tunneled Senses），他們抓不到概念或問題的重心。因此，美國前國務卿希拉蕊．克林頓（Hillary Clinton）就贊成男女分校或分班，男生需要競爭才會有動機。我來自女校，回想自己的成長過程，我承認這樣講的有道理。

由於全球競爭激烈，每個父母都希望孩子及早學習，忘記了學習有「成熟」這個條件。現在幼兒園做的是小學一年級的工作，美國從幼兒園開始教認字、寫字（台灣也是），假如男生成熟得慢，還不能讀和寫，這時，他會討厭上學，因為上學是挫折，是去做一件他能力還做不到的事。其實北歐很多學校是七歲才啟蒙上學，他們的國力發展也沒有比我們五歲就學寫字的差。太早要求孩子去做他還沒有準備好、還未成熟到可以做的事，對孩子的身心都不好。

讀者可以想像馬路上有個裂縫，大人一腳就跨過去了，孩子則必須蹲下來爬過去，爬時還得戰戰兢兢，生怕掉下去。但是等孩子長大一點，腳步變寬時，他也一步就跨過去了。小時候看希臘神話金羊毛（Golden Fleece）的電影，巨人一腳就跨過了博斯普魯斯海峽；或是《格列佛遊記》裡的格列佛一把就把船抓起來，多麼輕而易舉。看到台灣的父母，孩子才三歲兩個月就送去學心算和數學，真讓我心痛。其實這種正是揠苗助長，每個人大腦的成熟時間不一樣，大腦同一區塊男女成熟的時間也不一樣，不必心急，晚一年上學沒有所謂的面子問題，幼兒園本來就是個學習與別人相處的遊戲地方，沒有「被當掉」的面子問題。

至於為什麼白人小孩被診斷為ADHD的比例高，這是社會偏見的關係。一個白人小孩拿到C，而老師認為他應該拿A，老師就會懷疑他是不是注意力有缺失，上課沒有好好聽，回家沒有好好做功課；但是假如一個黑人或墨西哥孩子拿到C，老師可能認為他是能力所限，無法拿到更好的成績，就不會建議父母帶孩子去找醫生開藥。美國有很多人，包括黑人老師在內，仍是對白人孩子有較高的期待，他們會認為這個白人小孩沒有發揮出他的潛能，應該尋求改進方法。想不到這反而使不需要服藥的白人孩子服了藥，變成白人ADHD的機率比黑人高出了許多。這也許是種族歧視者前所未料的吧！

那麼，如果孩子不是過動／注意力缺失，為什麼吃了藥就安靜下來，學習就進步了呢？麻省理工學院蓋伯瑞利（John Gabriel）教授的實驗回答了這個問題。蓋伯瑞利真是神通廣大，能得到父母的同意，給正常的孩子吃注意力缺失過動症的藥；他也得到病童父母同意，暫時給注意力缺失過動症的孩子停藥。他在這段期間測試兒童，看他們在有藥、無藥的情況下學習的情形。結果發現藥物會增進正常兒童的學習，增進的強度與有注意力缺失過動症的兒童的程度一模一樣。這些藥物都是促使大腦中血清張素的濃度增加，而血清張素跟記憶、注意力、動機都有直接的關係，難怪過動／注意力缺失的誤診率這麼高。很多人都認為吃了藥有效，就一定是這個病，其實不見得。路上很多人打傘時，陰溝的水會漲高，但是那是因為下雨的關係，雨水才是真正的原因，打傘只是個表象。

現在許多家長很短視，只要孩子功課好，什麼都可以犧牲。既然吃了藥記憶力會好，為何不給他吃？他們會要求醫生開藥。最近動物的研究發現這些藥物會影響大腦，尤其是伏隔核，會使動物失去動機：肚子餓，食物放在面前懶得吃，連敵人來都懶得逃命。在人類身上也看到同樣情形，最近腦造影研究發現，七到十四歲的男生如果玩太多電玩，會影響伏隔核和背側前額葉皮質（DLPFC）的平衡，伏隔核是把動機和驅力送到背側前額葉皮質（dorsal–

lateral prefrontal cortex, DLPFC）去、DLPFC再給這個驅力回饋報酬的目標和情境，這兩個區域密切合作，這個人就有動機，朝真實世界的目標前進。但是如果電玩遊戲將血液引入伏隔核，使DLPFC的血流量減少，這時電玩遊戲本身就給了孩子達到目的的回饋報酬，而這回饋報酬並沒有連接到真實的世界，所以他們對真實世界的成就不再感興趣。電玩刺激大腦的伏隔核區，就跟吸食古柯鹼所影響的地方一樣，所以電玩會上癮。

其實男生和女生真的有不同，從孩子的行為上就可以看出。我和我妹妹都曾到動物收養中心去領養過流浪貓，我妹妹的兩個女兒會替貓洗澡，用洗衣籃替牠布置一個溫暖的窩；我的兒子就把貓塞到他的T恤裡假裝他在懷孕，結果貓逃出來時，在他胸前狠狠留下五道血爪印。男生闖了禍不敢說，等我替他洗澡時才發現，他怕我罵，還一直說不痛、不痛。

男孩並不會因長大就自動變成男人，他們需要被教導、被引導，需要藉由各種挑戰證明給別人看，他的身體、心智都已成熟，可以脫離父母保護，獨當一面，他才算成年。年齡跟成熟之間不是等號關係，古人十六歲弱冠，變成大人，現在十六歲男生還要媽媽叫起床才不會遲到，不但不能謀生養家，每天還要跟家裡拿零用錢。

男孩需要磨練才能成為男人，我很贊成讓孩子去勞動服務，從流汗中學到做為一個男人是什麼意思，當你自己可以種出米來吃、蓋出房子來住時，你就知道你可以獨當一面了。所以電視廣告說喝了某個牌子的啤酒才是真正的男人，勞動服務過的孩子知道不對，真正的男人跟喝什麼牌子的啤酒無關，跟你有無能力去服務別人有關係。

說了這麼多，家長可能很難記得如何去改善的細節。幸好有一本書叫《浮萍男孩》（*Boys Adrift*），作者是很有經驗的臨床醫師，他建議父母盡量帶孩子去跟大自然接觸，在他背青蛙的解剖圖之前，先知道什麼是青蛙，並且摸過青蛙、玩過蝌蚪。他說內布拉斯加的學校已經不再用紙筆測驗來評估小學生對電流的知識，而是要他們自己組裝一個電迴路，如果組裝正確，那麼迴路板上的馬達就會動，鈴聲就會響。孩子從鈴聲中，不但得到他的自信心，還確實把電流的知識學進去了。這使我想起李家同教授對台灣電機系學生的批評，或許新任教育部長真的應該好好看一下這本書。

另外，作者建議父母一定要用心替孩子找一個適合他的學校，學校跟孩子的契合實在太重要了，孩子一天有八個小時在學校生活，如果老師的教學、校長的理念不適合他，而他必須每天去受八個小時的罪，實在太可憐了。很多時候，適合哥哥的學校，對弟弟可能不合。我很贊成德國人的話：「沒有不適合的天氣，只有不合適的衣服。」

作者特別強調如果不願孩子走上歧路，必須替他指出另一條可行的路，行為才會改善。這點真是台灣父母最常犯的錯誤，我們常懶得說理，都用權威的命令方式說話：「我告訴你不行就是不行」，使得孩子陽奉陰違、親子關係疏離。其實教養孩子是個藝術，材料不同，雕刻的方法就不同，逆著樹紋雕刻會糟蹋了好木頭。教養孩子絕對不是科學，科學有重複性，甲做成功、乙用同樣方式也會成功，但是教養孩子不是，別人孩子打罵會成材，你家孩子打罵會離家出走，不可東施效顰，以免誤了孩子的一生。

世界變化的很快，二〇〇七年一月七日第一代的蘋果手機問市，在這十三年間，它整個革新了我們生活的方式，改變了我們對世界的看法。有鑑於此，作者花了很多時間和心血重新修訂這本書，添增很多這十年來大腦科學的新知識，以符合時代的需求。這增訂版比以前更像是一盞明燈，在父母走投無路不知該怎麼辦時，指出有效的親子教養方法和它背後的真諦，這本《浮萍男孩》真是一本難得的好書，誠摯的推薦給各位讀者。

讓孩子長成美麗的花朵

這本《重新想像教育的未來》是羅賓森爵士（Sir Ken Robinson）來不及完成的遺作，他在二〇二〇年過世後，由他的女兒把他一生的理念寫成本書，嘉惠後人。

羅賓森爵士的逝世，引起全世界父母的惋惜，因為很多都被他在《讓天賦自由》（*The Element*，天下文化出版）書中說的那「一個整天在花園裡面拔草的園丁，是種不出美麗的花朵來的」當頭棒喝而醒悟。如果孩子出社會是用長處跟別人競爭，我們為什麼要一直花力氣在改他的短處呢？

他一針見血的指出目前教育的沉痾。的確，我們的教育一直是在挑毛病，改正孩子的錯誤，是懲罰他們不夠好的表現，這種違反大腦學習機制的方式不知道使多少開竅晚的孩子，因受不了課堂的羞辱與挫折而放棄學習。

正向心理學之父的馬丁・塞利格曼（Martin Seligman）曾在他的自傳中說，他會從傳統心理學的憂鬱、變態等精神疾病研究轉向樂觀正念的研究是因為有一天，他在責罵他五歲的女兒沒有好好的拔野草，卻在吹蒲公英種子時，他女兒說：「爸爸，你有沒有想過，你每天罵我、糾正我的缺點，我長大後，了不起是一個沒有過失的女孩，但是我也是一個沒有長處的女孩，因為你從來沒有看到我的長處在哪裡。」這句話讓他非常震驚，他沒有想到一個五歲的孩子會講出這樣的話來。當我們一直在改正孩子的缺點時，他哪有時間去發展他的長處？而我們沒有任何優點的孩子，長大後又如何在社會上跟別人競爭呢？他反省後，改變了心理學的走向。

羅賓森爵士說的對，每個孩子都有他天賦的能力，是我們大人的觀念不對，用現實的觀點去框他，造成那些不符合框架的孩子自卑，對自己沒有自信，最後變成「習得的無助」的犧牲者。很多書讀不好的孩子如果當年能讓他去發展他的長處，他現在可能是那個領域的奇葩。

羅賓森爵士說他不反對考試，但不喜歡目前這種競爭方式的考試，因為很多重要的能力是考不出來的。嚴長壽總裁也說教育應該是個探照燈，替孩子照亮前途，而不是照後鏡，看孩子做錯了什麼。其實考試不是不好，是做法要對。法國的神經科學家狄漢（Stanislas Dehaene）在《大腦如何精準學習》（*How We Learn*）一書中，指出：注意力、主動參與、錯誤回饋與固化是四個有效的學習方法。他說念完一章，把書合起來，拿張紙，把剛剛讀的大綱寫下來，如果寫不出表示沒有讀進去，打開書再讀一遍。許多實驗都證明了「自我測試」是最有效的學習方法。

本來考試就是測驗學生學到了什麼，只是我們不耐煩等待孩子慢慢吸收消化，我們用鞭策的方式，甚至強辯「打了就會，不打不成材」，使學生對考試充滿恐懼，考不好不但在學校被老師打，回家還要再被家長打，考試變成終身的夢魘。有一次外子晚上作惡夢，夢到考試，走進教室，突然發現老師在發考卷，他嚇死了，因為沒有準備。那時他已經離最後一次考試（博士口試）三十五年。現在想想，有必要為分數這樣折磨孩子嗎？

羅賓森爵士花一生的時間在全世界各地演講，就是希望改變現行的教育制度，使孩子能安心的學習，免除填鴨式的無奈和考試的恐懼。他最擔心的其實是這種教育制度會扼殺孩子的創造力。

在二十一世紀，人和機器人最大的差別是人有創新的能力，而機器人沒有，人能創造出機器人，機器人卻不能創造出人來。他一再強調想像力的重要性，他說，想像是人類無限可能的起始點，想像力是創造力的根本，而創造力是想像力的實踐。在深圳機場，有一個很大的看板，上面寫的「只要人能想像出來的東西，未來一定有人能把它實現出來」，這句話是《地心探險記》、《海底二萬哩》的作者儒勒．凡爾納說的，難怪這本書最後定名為《想像教育的未來》（*Imagine If...: Creating a Future for Us All*）。

因為他的努力呼籲，聯合國教科文組織（UNESCO）和經濟合作暨發展組織（OECD）都向各國宣揚素養（competency）的重要性：強調現在的教育一定要結合知識技能、態度和價值，才能在二十一世紀跟人競爭。最近麻省理工學院（MIT）的教授寫了一本《改變我們如何學習的科學》（*Grasp*），他們基於羅賓森爵士的理念，改變了傳統上老師講課、學生聽課的教學方式，改為老師講二〇％，剩下的八〇％由學生動手實做，效果好到他們出這本書來宣揚。

因為素養的核心在文化，羅賓森爵士更強調文化的重要性，不同文化帶給人不同的思考彈性，而思考彈性正是創造力的來源。文化改變人的態度和觀念，現在的企業開始講究經營的文化，所謂「三流的企業賣產品，二流的企業賣品牌，一流的企業賣文化」，一個公司若能把它創立的宗旨、經營的目標，深入到他員工的心中時，這個企業就會長久。

從本書看到，羅賓森爵士的影響在各個領域都很深遠，難怪他會被稱為「世界的教育部長」，他理念影響的不是一個國家的孩子而是全世界的孩子，他改變的也不是一個國家的教育而是全世界的教育。他的過世真是人類的一大損失。

今天再讀他書中的理念時，不禁想，我們該如何去創造一個理想的未來才不辜負他一生辛苦的奔波呢？

青春期這個坎

冬夜，朋友冒雨來辭行，告訴我她後天就要帶她國二的女兒去加拿大讀書了。我聽了有點擔憂，我知道她女兒在學校適應不良，已經發展出憂鬱／焦慮症的症狀，但是她先生曾經外遇，如果她再離開台灣，她的婚姻可能不保。她苦笑的說：「沒有辦法，做為一個母親，孩子是我的第一個責任，以她目前的情況，我沒有別的選擇。」我聽了很感動，母親為了孩子，什麼都可以犧牲。其實她的女兒不是功課不好，是人際關係不行，在班上被霸凌，不敢反抗也不敢回家說，壓抑太久後，造成精神上的問題。

青春期是個坎，寫過《教養的迷思》（*The Nurture Assumption*）、《每個孩子都不一樣》（*No Two Alike*）等暢銷書，拿過心理學最大獎——George

Miller獎的哈里斯（Judith Harris），在領獎時，記者問她：如果你人生能重來一遍，你會怎麼做？她毫不猶疑的說：我會跳過（skip）青春期。大家聽了都很驚訝，我們以為功課好、能進哈佛的人生勝利組在青春期時應該很風光，想不到她也活的不快樂。原來她十三歲時，父親從亞利桑那大學換到芝加哥大學去教書，她跟著轉學到芝加哥，她說她一走進教室，同學就捏著鼻子說「奇怪！怎麼會有牛糞的臭味？」

其實這種例子很普遍，有位工學院的教授就告訴我，修車是他的嗜好，他有空便會去一個修車廠做志工，有一天，一個貴婦來取車，他從車底下爬出來，正好被貴婦的兒子看到，孩子急忙退後一步大叫：「媽咪，他好髒。」貴婦便說：「你如果不好好讀書，以後就會跟他一樣，又髒又臭，沒有人會喜歡你。」他在轉述給我聽時，雖然面帶笑容，但我聽得出他聲音中的憤怒。孩子無知，無心地做出傷害他人的事，我們不怪孩子，但要怪他的父母沒有好好的教，像這個孩子，他長大後會有同理心嗎？霸凌最根本問題還是在父母身上。最近有一篇研究發現有錢人的EQ很低，因為他們不需注意別人臉上的表情，他們有錢，不在乎別人的感受。

至於不被同學接受，有一個研究是請洛杉磯學區六千名六年級的小學生寫出他最要好同學的名字。結果有七二〇名孩子（一二%）的名字不曾出現在任何同學的名單中，其中，男生比女生多二倍。這個數據很令人驚訝，竟有這麼多的孩子一個人孤獨長大！

這些孩子很可憐，沒有朋友可以談心，分享快樂。雪上加霜的是，沒有朋友就容易被霸凌。霸凌使他們長期感到焦慮和不安，久了，會發展出憂鬱症和焦慮症。

我跟朋友說，在孩子成長過程中，最重要的，其實不是功課，而是交到好朋友，有好朋友才能享受青春。個性是可以改變的，我勸她鼓勵孩子去嘗試新的事物，使她跟別人在一起時，有主題可談；訓練她微笑，微笑可以拉近人的距離，加拿大的學校不見得沒有霸凌，但至少是個新的開始，請她把握女兒青春期大腦第二次重組的機會，正向樂觀的去面對人生。

學之道

《論語》新解——孫校長的和平之道

讀完孫震校長（他是我一九八四年回台大客座時的校長）的新著《孔子新傳》，心中很是感慨，我終於了解為什麼張潮會在《幽夢影》中說「少年讀書如隙中窺月，中年讀書如庭中望月，老年讀書如台上玩月」，即便是同一本書，不同的人生階段讀它的感受不一樣，它的確是「以閱歷之淺深，為所得之淺深」，不經過一番人生的歷練，不能了解書中的真意。

我小時候父親要我們背《論語》，他說那是放諸四海皆準的做人道理。就算不懂，背進去了，在腦海中就是一把尺，就會告訴你哪些事可以做，哪些事不可做，如果做了不可以做的事，就會身敗名裂，把父母和祖宗的臉丟光。

我當時對背《論語》很排斥，因為不能跟別的孩子一樣去門口跳橡皮筋、玩官兵捉強盜，更怕晚上就寢前的抽背，但是現在知道父親是對的，因為價值觀必須從小內化，人有時免不了會有私心，但是會馬上想起孔子說的「己所不欲，勿施於人」就會校正自己。

童年的生活單純，無雜念，學東西好像很快就可以記住，所以當時的大人都是叫孩子趁記憶力好時多背些書，留著以後寫作文用。只是小孩子不識字，都是靠語音在記憶，不幸的是中文的同音字很多，常會誤解作者的意思。例如我小時候有一首兒歌，「城門，城門雞蛋糕，三十六把刀，騎匹馬，帶把刀，走進城門砍一刀」，雖然後來覺得這個兒歌不合理，但是從小到大都是這樣唱的，也沒想到是我誤會了它的意思，一直到我教我的兒子這個兒歌時，我姊姊聽到了，她說：「不是這樣的，你咬字不清楚，亂教小孩」，她才告訴我原來是「城門，城門幾丈高，三十六丈高，騎匹馬，帶把刀，走進城門滑一跤」。

中國的同音字太多了，光是「一」這個音若不論四聲就有一百四十一個同音字，小孩子不懂事時，聽了覺得不合理，大腦就會自己去編意思。又如我跟我妹在背「如有博施於民而能濟眾，可謂仁乎？子曰：何事於仁？必也聖乎！堯舜其猶病諸！」時，我妹就問我，「堯舜不是比老子大嗎？為什麼老子都有牛可騎，而堯舜只能騎豬而且是病豬，他不怕豬瘟嗎？」

我不知道，也不敢問，我們就這樣背下去，一直到我念初中，國文課有中國文化傳統教材，老師講解《論語》時，我才知道那句話原來是「連堯舜都做不到」的意思，可是已經太晚了，在我的腦海裡，堯舜就是騎病豬的。所以後來我教兒子時，都先叫他重複一遍我的意思，怕他的背景知識不夠，不能得到正確的解讀。而自己出來教書以後，碰到學生考試望文生義，在那裡胡謅時，也比較能不生氣，知道那是大腦尋求意義的本質（我們的大腦天生有邏輯性，碰到不合理的東西會自動去找答案，找不到時，會如鯁在喉不舒服。所以幾乎所有的原始部落對他們不能了解的天象，都有其自圓其說的解釋，例如地震是地牛翻身）。

多念古文還有罵人不帶髒字的好處，有一次，同學搶我便當中的肉（當年是只有拜拜才有肉吃），我很氣，便罵他「肉食者鄙」，他以為是另一個「鄙」音的字，便去告老師。我說我沒罵人呀？這是古人曹劌說的話，老師大為驚訝，就派我去參加作文比賽；另一個好處是元宵猜燈謎的時候領獎品，我記得曾有一個謎題是「連戰」打《論語》一句，謎底是「遊必有方」——因為連戰的太太叫方瑀，而孔子說「父母在，不遠遊，遊必有方」。小時候我的文具很多是猜燈謎得來的，或許這也算是讀《論語》的 fringe benefit 吧！

一本好書值得一讀再讀，在經過時間的歷練和人事的滄桑後，對校長《論語》的新解釋特別有感覺，尤其是看到現在年輕人飆車，不在乎自己的生命，就會想起孔子說的孝，就是「父母唯其疾之憂」；看到政治不清時，也會想起孔子說的「乘桴浮於海」，弄條船出海去散散心。

當年背的孔子話語現常出現在腦海中，變成排解生活鬱悶的一個方式。校長說世界發展的希望在孔子，沒錯，世界和平的希望也在孔子，只要力行「己所不欲，勿施於人」天下就太平了。

詩詞的聯想

深秋的下午，我跟幾個學生一起等公車，看到滿地的黃葉，不禁說了一句「楓葉荻花秋瑟瑟」，一個學生轉頭問我：「老師您說什麼？」我說：「你們知道白居易的《琵琶行》嗎？」他們都搖頭。我有點失望，不知道，我就無法跟他們說我看到黃葉的感傷了，因為它表示我在這世上的時光又短了一年。

我站在那裡想生活在現代真幸福，白居易深夜騎馬趕到江邊去送別，因為古代交通不便，一別往往今生不能再相見。而現在有了飛機、高鐵，再遠的江陵也一日還了，難怪現在的學生不珍惜友情，因為得之容易就會起輕慢之心。

詩詞帶給人很多的聯想，它可以豐富人生就在此。但是沒有共鳴時，他們雖然就站在我旁邊，可是我的感覺卻跟自己一個人在大漠中一樣，孤獨的很。

現在很多年輕人天天嚷著空虛，不知跟他們沒有機會體會中華文化的深厚，和精神生活的貧乏有關？

有一次我在感嘆現在的國文課本把一些美好的詩詞都刪除掉了，旁邊的學生說：「老師，沒差，不念詩詞古文，我的中文一樣好。」但是真的一樣好嗎？《禮記》說：詩言其志也，歌詠其聲也，舞動其容也，三者本於心，然後樂器從之，是故情深而文明，氣盛而化神，和順積中，而英華發外。這個「情深而文明，氣盛而化神」不是認識字而已，還要和順積中，才會英華發外，不然蘇東坡怎麼會寫「腹有詩書氣自華」呢？

有一次學校健檢，醫生要我們每天大笑三次來降血壓，微積分老師說：「老師的壓力太大，笑不出來。」旁邊教通識國文的老師聽到了，便說她會時時把學生的翻譯傳給我們看，讓我們笑一笑。我記得有一次她傳來：「戒之，戒之，出乎爾者，反乎爾者也。」學生把它翻譯成「戒煙啊！戒煙！吞進去的煙和吐出來的又有何差異呢？」

另一次是把文天祥《正氣歌》的「鼎鑊甘如飴，求之不可得」譯成「敵人用大鍋子熬的糖漿非常甜，我向他們要一點，他們不肯給」。還有問學生：「郭子儀和安祿山有什麼關係？」答：「郭子儀在安祿山打戰，因山勢奇峻，大勝。」我們真的每次都笑到肚子痛，可是想起來都很傷心。

文化是民族的命脈，是國家存亡最重要的一個因素。東南亞的華人即使入籍了僑居國，被逼改了當地的名字，但仍然自認為華人，因為他們血液中流的是中華文化的道統。

近代遺傳學的研究發現環境會深入到DNA的層次，文化又何嘗不是呢？早年去舊金山的中國城吃飯，常被老一輩的華僑罵我們這些留學生「唐山人不會說唐山話」。他們在美國生活了五十多年了，但身上流露出來中國傳統的忠孝節義一點都沒有少。

如果學校沒有時間教，我們自己自力救濟吧！文化滋潤孩子的心田，豐富他們的精神生活，詩詞更提升他們的境界，使獨處時不寂寞。只有內心的安寧才是真正的安寧。

請給年輕人一個典範

在超市碰到一位很注重養生的朋友，看到她買整箱的泡麵我有點驚訝，她不好意思的說：她念高三的兒子功課都做的很晚，肚子餓時，以前是直接到樓下的超商買宵夜吃。但是前幾天，他們在超商時，突然進來了一個沒有戴口罩的男人，她跟兒子都嚇了一跳，立刻想到屏東的挖眼事件，店員也很緊張，他們當場決定不吃了，馬上離開。但是孩子晚上還是會餓，尤其天冷，想吃熱食，因此她來買一些泡麵放在家裡，省得晚上出門危險。她感嘆：「台灣過去不是以治安好有名的嗎？為什麼現在變成了這個樣子？」

的確，我們以前一直為台灣人敢半夜出門而自豪，曾幾何時，現在連大白天走在路上，也擔心會有精神不正常的人從後面捅你一刀。昨天有個朋友說，她在馬路上看到有個理平頭、眼光有點奇怪的男子對她走過來，她想都不想，就立刻過馬路走到他的對面去，她來問我，她是否太神經質？我不知道，過去，我們車上不會放武器，現在好像要放一根球棒比較安心。

最近的社會真是充滿了暴戾之氣，一點小擦撞就可以引爆殺機。連嘉義的國立高中，學生也會拿著球棒在走廊打群架。這些暴力事件已經超越我們精神的負荷了，它已影響我們的生活，政府到了非拿出措施不可的時候了。

有讀者在報紙投書，這暴戾之氣是囂張的政客帶起來的，這些喝酒肇事的年輕人正是以檯面上的政客為榜樣，橫行霸道。他們眼裡沒有法律，不尊重他人，更不尊重他們自己，連現役軍人都會喝的爛醉，隨便就睡倒在超商門口，完全不顧身上制服所代表的形象。

我很好奇，這些年輕人為什麼這麼苦悶，非得喝到爛醉來麻醉自己或是砸車打人來發洩怒氣？他們有幸生在物質富裕的台灣，七十年沒有戰爭，不曾領略過中東難民顛沛流離之苦，他們有著比我們當年更豐富的資源，他們在苦悶什麼？

很多人也在思索這個問題，更擔心年輕人不知道自己將來要做什麼時，迷失在物慾中，浪費了大好生命。

人若不知道自己要什麼，就不可能從現在的樣子，改變成想要的樣子，也就沒有奮鬥和前進的力量。所以人要成長，一定要有目標和典範。典範很重要，它就是孔子說的「有為者亦若是」。

典範不分古今中外，只要值得效法的人便可。有人覺得現在學生心中無典範，跟歷史課及傳統文化教材被大幅刪減有關係，不讀書，尤其不讀史，就不知道歷史上有哪些人是曖曖內含光，值得去效法。

有一個孩子很崇拜關公，他去醫院拆傷口時，醫生問他要不要打麻藥？他說：「關公刮骨療傷都不怕痛，我也不怕」。這就是典範的作用，它激勵孩子成為他心目中的英雄。

現在社會有太多人沒目標在遊蕩，因為他不知道要去哪裡；也有太多沒目標的人睡不醒，因為他不知道醒來要幹什麼。人生難得，不能虛度此生，請政府不要再四處宣揚政績，實際做點對老百姓有益的正事吧！

做事的習慣

都會的房子愈蓋愈密，可以說到了呼吸相聞的地步。因此幾乎每天晚上我都可以聽到鄰居催他的孩子去洗澡，孩子則大聲回答說不要，因為功課來不及做。他母親的回答每次都一樣：「為什麼別人來得及，就是你來不及做？」孩子聽了就委屈的哭起來，因為他有一直在做功課，並沒有偷懶。一陣打罵後，浴室有了水聲，但是短到來不及弄濕身體打肥皂就停了，我猜這孩子是在乾洗，放水給母親聽，真是上有政策，下有對策。

這個媽媽顯然喜歡攀比，才會每次都說別人怎樣，為什麼你不能怎樣。這種回答對孩子來說，是火上加油。台灣的《親子天下》雜誌曾對中小學生做過一次調查，發現學生最痛恨的是「別人家的孩子」，因為幾乎所有的大人都喜歡用別人家的孩子來指責自己的孩子不夠好。

其實這個媽媽應該去想一下，為什麼自己的孩子一直在做功課，卻一直做不完？是老師出的作業太多？還是孩子習慣不好，沒有專心，東摸一下，西摸一下，時間就浪費掉了。

上天很公平，不論貧富，每個人一天都是二十四小時，但是為什麼有的人有時間去做他想做的事，而有的人總是被時間追著跑呢？這差別在做事的習慣，愛因斯坦說「成功的人和不成功的人差別在工作以外的剩餘時間，當不成功的人在找東西時，成功的人已經在讀書思考，增加他的智慧了」。

既然時間不可能變多，那麼就只有從改進做事的效率著手，使能在同樣的時間內，完成必須要做的事情。

人在什麼時候工作效率最好呢？睡眠研究發現是早上睡飽了，精神最充沛的時候。人經過一夜好眠，充分的補足了跟學習和記憶有關的神經傳導物質——血清素、正腎上腺素後，工作效率最好。所以要用到記憶的工作安排在早上，當工作了一整天，大腦中管注意力和記憶的神經傳導物質消耗掉，精神不能集中時，就來做家事這種用體力而比較不用到腦力的工作。所以不但要懂得利用大腦最清晰的時候去做動腦的事，還要懂得安排做事情的優先順序。

這個安排優先順序就是聖方濟各（San Francesco d'Assisi, 1182-1226）說的，「先做必要做的事，然後做可能完成之事，突然間，你發現你有時間做不可能做之事」。既然精神狀況最好的時候是早晨，那麼重要的文件早晨看，英文生字早晨背。

曾有研究發現人一輩子大約花三年的時光在找東西上。找東西不但浪費時間，還使心情不好、血壓上升。如果家中每樣東西都有固定的地方放，大家又有物歸原處的好習慣，那麼這個時間就可以省下來他用了。從歷史得知，每一個成大業的人果然都有良好的品德和生活習慣。

另外，因為人的精神無法一直保持專注，所以每四、五十分鐘要站起來走動，讓帶氧和養分的血液進大腦。不要以為坐在桌前一直念書最有效，是有念進大腦去才真正有效。

記憶的研究還發現一直念同樣的科目會疲勞，減低記憶力，因此科目要換著念，而且靜／動相互輪替。我小時候每天有固定的家事要做，所以我父親教我們讀書和家事輪替的做，並且教我們把要背的書在睡覺之前背一下，躺在床上時，回憶一下，不順的地方，明天早上起來時加強，這個方法果然使我們姊妹都順利地完成了學業，不曾恐懼學習也不曾被老師打過。

習慣是慢慢養成的，養時可能費力，但養成後終身受用不盡。

面對真相是減輕焦慮唯一的方式

二〇二〇年春節，新冠疫情爆發，造成整個台灣人心惶惶，疫情資訊不足，加上疫苗政策不透明，使焦慮症的人數突然大增，醫院的身心科擠到掛不上號。幸好，不久病毒的基因序列被定了出來，疫苗製作出來了。沒想到這又是另一波亂象的開始，因為疫苗不足，大家搶著打，有人甚至花大錢出國去打疫苗。當疫苗開始進口，有疫苗可打時，又有人說疫苗不可以打，打了傷身，比不打還糟。當時真是只有一個「亂」字可講：想打的，打不到，到處託人找關係；能打的卻不肯打，寧可在家中坐牢不出門。這一切都來自我們對新冠病毒的無知。

無知會帶來恐懼，恐懼會帶來焦慮，因此減輕焦慮唯一的方式便是了解真相，不要相信網路上各種似是而非的訊息，自己作判斷。但是巧婦難為無米之炊，沒有正確的訊息，如何下判斷呢？

這本《疫苗先鋒》就適時而出，AZ疫苗的二位研發者親自告訴我們新冠病毒是什麼，這個疫苗又是怎麼做出來的。讀了這本書，定了很多人的心。又一次，我們看到知識的力量。

本書呈現的方式是實驗室日誌的方式，所以可信度很高。許多人不了解實驗室日誌的重要性，有一次我去英國開會，會後大家一起吃飯，席間有人問：如果實驗室著火，你會最先搶救什麼？有三位教授異口同聲的說「日誌」。那時我還年輕，很不能理解為什麼老師們這麼看重它。後來才知道，實驗通常不會第一次就成功，在檢討失敗時，要靠日誌來找出實驗的毛病或錯誤，所以它重要，也因此它可信，因為它是每一個研發腳步的痕跡。

或許有人擔心這種生物科技的書太艱深，會看不懂。這點倒是不必擔心，它既然是科普書，不是專業書，就表示編輯要把它做到一般人可以讀懂。因此書中每一個新名詞都有註解，只要念過中學的生物課，理解它就沒有問題。

難得的是，它不單調，甚至高潮起伏。因為疫情嚴重時，一天死好幾千人，她們擔負著重大的研發進度壓力，加上有人三不五時在她們實驗室外面示威，連威廉王子來訪都得臨時改場地，這些壓力導致她們必須放下原先的工作計畫、家庭與家人，甚至自己的健康，專心致志在新冠疫苗上，真是令人非常的同情，幸好她們頂過來了，也才有今天的AZ疫苗可用。

有人懷疑疫苗研發的速度太快了，恐有安全問題。對此，作者有個很好的比喻，她說牛津大學一直以來都在做疫苗，因此有現成的技術平台，它好似蛋糕店早上一早先烤好幾個蛋糕胚，等訂單一進來，馬上塗上糖霜，寫上「生日快樂」就可賣出。她們比別人快，因為她們從二〇一四年非洲伊波拉疫情開始，就在利用技術平台了（日誌也證明了她們沒有做假）。

對疫苗，我們這一代是感恩的，因為我們有同學感染小兒痲痺症，終身用枴杖，也有同學死於破傷風，因為家貧，沒有鞋子穿，踩到生鏽的鐵釘。對不分晝夜，研發疫苗的科學家我們只有敬佩，尤其她們以非營利方式授權阿斯特捷利康，降低牛津AZ疫苗售價，使貧窮國家也可享有疫苗，更令人感動。

這兩年來跟新冠病毒的糾纏戰，使我們明白了人類不再是萬能，我們必須順天，不能勝天，不然大自然的反撲會使我們看不到明天太陽的升起。

時間的真相

我因為擔任某基金會科普著作獎的評審，所以有機會讀到一些對岸出版的，或是我本來不會接觸到的好書。在疫情的時候，這些書帶給了我心靈的饗宴，《時間的真相》就是這樣的一本書。

時間，如羅馬帝國的奧古斯丁說的「時間是什麼？沒有人問我，我很清楚，有人問我，我卻茫然不知了」。的確，我們每個人都會在作文裡寫：一寸光陰一寸金，寸金難買寸光陰，可是它是什麼卻說不上來。

因為它看不見也摸不著，因此大人多用比喻來教：小學的課本說：日曆、日曆，掛在牆壁，一天撕去一頁，叫我心裡著急；朱自清說：太陽它有腳呀，一寸一寸的挪移著；莊子說，時間如白駒之過隙，一眨眼就不見了。但是即便如此形容，我們還是無法掌握時間的真義，所以年輕時，不會去珍惜它，覺得它取之不盡，用之不絕，還不要錢，常覺它多到不知該怎麼辦才好，必須kill time來減少。現在老了，才知道時間真的很像衛生紙，看起來很多，抽著抽著就沒有了。

我小時候曾對時間好奇過：那時星期日晚上，會收聽廣播劇，準時扭開收音機時會聽到「中原標準時間，晚間八點整」。我很好奇，時間不是實體，怎麼標準法？這個問題過了六十年，現在在這本書中得到了解答。

原來時間不但可以標準化，還可以和空間對換，更有意思的是，這本書還告訴了我經度是怎麼測量出來的。初中的理化課有教緯度的測量法，卻沒有教經度的測量，我那時想，地球一直不停在自轉，經度是怎麼測量出來的呢？

其實這個問題困擾了科學家很久，尤其在十六世紀航海的時代。茫茫大海，無邊無際，人是怎麼知道自己身處在何處？或許晚上可以靠北極星或月亮來定位，但白天呢？直視太陽會傷眼睛，書中說：早期的船長都是獨眼龍，因為長期凝視太陽（難怪海盜都戴眼罩）。

經度測量之難，之迫切，迫使英國在一六七五年，祭出二萬英磅的懸賞來求解方。書中這一段的描述非常精采，這個獎金竟然花了一百年才頒發出去，可見多難。

一六二二年時，伽利略曾想過用木星的衛星來定位，因為木星有四顆衛星繞著它轉，一年有一千多次衛星食，頻率比前人用月食來定位高了很多。但是別人不像他有千里眼，看得到木星的衛星，所以不好用。最後是用月亮和恆星兩者來定位：先找出天上數千恆星的位置，再看月亮穿過那些恆星時的時間，透過時間和空間的換算，得到「現在你在哪裡」。這些天文學家窮一生之力，只研究這個主題，做到了「擇一事，做一生，惠眾生」，值得敬佩。

我們現在出門就有GPS可用，很難想像古代航海家不計生死駛向未知，冒險犯難的勇氣有多大。或許因為如此，古人謙虛，因為他們知道，人跟宇宙比起來，渺小的很。

「閱讀是父母給孩子最好的禮物」真是一點都沒錯，午後的雷陣雨掃了很多人週末逛街的興，卻帶給了我「風聲，雨聲，讀書聲」的樂趣。

捧著金飯碗討飯

舍妹回台省親，說起她的鄰居來要求跟她學中文。這位退休的神經外科醫生在耶魯念大學時，曾修過二年的中文課，有些底子，因此要求念《論語》。舍妹不敢教，怕自己程度不夠。但這位醫生很堅持，說《論語》是東方智慧的精華，一定要學。舍妹說，其實不是她在教他，反而是她常從這位醫生的心得回饋中，領悟到《論語》的真正意義。

例如有一天上到《為政篇》的「知之為知之，不知為不知，是知也」，這位醫生問：這句的英文是不是「To know is science, but merely to believe one knows is ignorance」？他說他剛出道時，學到了一個跟這句話有關的教訓。

那時他在一家大型教學醫院做住院醫生，有一天半夜急診室來了個因車禍昏迷不醒的病人。他看到病人左邊腦殼凹陷，有大塊血漬，想是撞到擋風玻璃，出血昏迷，需要馬上開刀取出血塊，但自己經驗不足，有點膽怯，便打電話向老醫生求救。不巧老醫生正在另外一家醫院手術，要半小時才能過來。

在電話中，老醫生再三問：「你有沒有做動脈造影，排除血管瘤的可能性？」他當時年輕氣盛，看到血塊就在頭殼破裂的地方，認為昏迷就是車禍造成的，不需做什麼動脈造影，應該快快把血塊清除才是。結果當他鋸開腦殼正要把血塊吸出來時，老醫生趕到，喝令他立即停止，因為X光片顯示大部分血塊在大腦深處，表層的並不多，判斷應該是血管瘤爆了，如果把血塊吸走，原本被血塊堵住的血管會馬上大出血，病人會因失血過多而死，他當場嚇出一身冷汗。由於他沒有做動脈造影，不知道是哪一條血管爆了，雖然從血塊位置猜測可能是中腦大動脈，但瘤在它的哪一段呢？他非常後悔自以為是，沒有聽從忠告。幸好最後老醫生找到血管瘤的位置，止住了出血，病人沒有死。

在手術時，老醫生說：一個好醫生要思考病因：如果一個人不是自殺，沒有喝酒或打瞌睡而突然去撞樹，就要去想為什麼，這種車禍有時是大腦因缺氧失去意識造成的。

手術完後，老醫生對他說了上面那句英文，告訴他，不怕不知道，只怕不知道裝知道，誠實是一切的根本。

他跟我妹說，他很羨慕中國人有這麼豐厚的文化遺產，他雖然退休了，還是很希望多學一點中國人的人生智慧，讓自己的生活更有意義。

我聽了心想：好可惜，別人努力在追求的東西，我們竟然自己大力往外扔，真是捧著金飯碗討飯而不自知啊！

集郵的樂趣

幾個學生來我家補交期末作業，看到我在玩郵票，非常驚訝，他們竟然不知道世界公認的嗜好中有「集郵」這一項。原來他們生在千禧年之後，是3C產品世代，不曾用信紙寫過信，就遑論郵票了。

其實每張郵票背後都有故事，而且「收集」本身就是一種樂趣，因此世界上集郵的人還不少。

我的集郵開始於學校規定的暑假作業。民國四十七年的台灣很窮，學校沒有經費買教具，父母也沒有餘錢給我們用，所以暑假作業必須是免費又可以讓我們做整個暑假的東西，老師因此叫我們去收集郵票，因為信封上用過的郵票是丟棄不要錢的，收集起來分類，再去找出發行它的原因，這樣就可以讓我們忙一個暑假了。

在當時台灣還沒有電視，所以郵票就是一個讓我窺視外面世界的窗口。我也因為集郵，交了筆友，用很破爛的英文跟美國的學生交換郵票。我很幸運，我美國的研究所同學也集郵，他很喜歡台灣發行的故宮古物郵票，我們在交換郵票時，他便告訴我美國郵票背後的故事，使我對美國的歷史了解了不少。印象最深刻的便是巴拿馬運河的命運竟然是一張小小的郵票決定的。

原來一八六九年蘇伊士運河開通後，西方到東方的航行時間減少了一半，美國政府看到有利可圖，便去開鑿巴拿馬地峽來連接大西洋和太平洋。但是因為施工困難，久久不能完工，國會就建議放棄巴拿馬改為開鑿尼加拉瓜運河。但是那些已經投資巴拿馬運河的人當然不同意，因為前面的投資會泡湯。當時美國國內輿情是一面倒，國會幾乎已經決定要換成尼加拉瓜運河了。這時，一張尼加拉瓜火山爆發的郵票讓這個案子起死回生。支持者把這張郵票寄給每一個參議員，讓他們看到尼加拉瓜有火山，不適合開運河，證據在哪裡？就是這張郵票，因為郵票是政府發行的，有公信力。這些議員看到嚇了一跳，他們原先不知道尼加拉瓜有火山，於是紛紛改變主意，巴拿馬運河於焉誕生！想不到一張小小的郵票竟有這麼大的作用。

郵票是國家的對外窗口，所以每個國家都想辦法把郵票印的很漂亮，這大大增加了集郵的樂趣。早期人們去到旅遊勝地都會買張明信片寄回家，上面就會貼這個國家的郵票，所以它不但是國民外交，也是國家的財源之一。全世界的著名風景區幾乎都設有郵局，那裡所賣的郵票也幾乎都是印刷精美，具有文化代表性的郵票，這讓還在讀小學的我，對外面的世界充滿了憧憬，立志長大後一定要出國去親眼看一下郵票中的那些國家。

以前我收到信都不是忙著拆信而是先欣賞一下信封上的郵票才拆，現在電子郵件發達，人們雖然照常溝通，聯絡感情，可是好像少了一點那種專門為你去郵局排隊買最新的郵票貼在信封上給你的那種友誼的感動，有點遺憾。

前人經驗的價值

開學了，校園裡又恢復了生氣。我問了幾個修課的大四學生，有沒有利用年假去看看就業的市場？他們異口同聲地說沒有，抱怨疫情、寒流和下雨使他們禁足在家不能出門，成天聽長輩講陳年舊事，無聊死了。正好之前，幾個同事在抱怨孩子好不容易放假回來過年，卻躲房間內玩手機，不想跟他們說話，讓他們很傷心。唉！一個想講，一個不想聽，大家都難過。

其實聽老人說話常常可以學到一些平日碰不到的知識，雖然不是馬上用得上，但是用到了就是寶。小時候看章回小說，看到縣太爺微服私訪，酒肆茶樓一坐，就聽到了破案的線索。這一直使我覺得聽人說話是很有價值的。其實就算老人嘮叨的是芝麻小事，自己也能因年齡和知識的增長，從同樣的話中，得到不同的啟發，聽總是比說，學到的多。

我初去美國留學時，經濟很窘迫，一個月只有二百六十八元的獎學金還要付房租，但從來沒有餓到，因為我父親有一次閒聊時，說到抗日戰爭時，物價波動很大，他只要一發薪水，就馬上去把一個月要吃的米買起來，那麼不管物價怎麼漲，至少那個月肚子是飽的，父親說只要頭上有屋頂，米缸中有米，日子就過得下去。所以後來每個月領到獎學金時，我也去超市把一個月的口糧買足。美國那時雞蛋很便宜，五毛錢一打，我就天天蛋炒飯，不但沒餓到還顧到了營養。

父親還說早期中國人錢是不存銀行的，但離家去外地讀書的學子身上免不了要帶學費和生活費，這些錢就會引起歹徒的覬覦，帶來殺身之禍。所以當父親要隻身從南洋坐船到福建去念廈門大學時，祖父就問他：錢若不放銀行，又不敢放宿舍，那要放哪裡才安全？父親說：綁在身上。祖父說這更不行，這會送命。錢要放在別人就是知道，也偷不走的地方。父親說，他想了半天，也想不出來天下哪有這種地方？祖父便告訴他：錢要盡快脫身，人才安全，一到學校，立刻把學費繳了，然後把剩下的錢去農家買下待收成的稻作，等到收成時，農家賣穀還錢，這樣不但別人偷不走，這個錢還可以作為第二學期的學費，而農家給的利息就是平日的生活費。身上沒有餘錢，就沒有壞朋友來引誘去喝酒打牌，同時除了米缸中的米是足的，其餘都是「不足」，生活也必然節省，父母雖不在旁邊，也不愁孩子變壞。

我聽父親在講這些時，還是高中生，正好念到王安石變法，祖父的這一套正是王安石的青苗法，但是王安石變法是失敗的，為什麼父親可以靠這個方法念完大學？父親說所有的變法立意都是良好，敗都敗在人身上。想想歷史，果真如此。難怪記者問維珍企業的理查．布蘭森（Richard Branson）成功的祕訣時，他連著說「人，人，人」三次「人」。

人是成敗最重要的關鍵，為什麼我們不把教育的重心放在人才的培育上，而去管應該叫「外公外婆」還是「公公婆婆」呢？*

＊ 台灣一位立委國會質詢時的主題。

閱讀，終身受用不盡的恩賜

在高鐵上遇到一位朋友，她聽說我要去學校推閱讀，驚訝的說：「我們小時候，學校不但不推閱讀，還不准我們看課外書，連放在書包裡帶去學校都會被沒收。幸好那時有舊書攤和租書店，不然光憑課本那一點知識，怎能夠我們在社會上生活？但是閱讀明明是件很喜悅的事，我們以前拚著挨打也要去偷看，為什麼現在你要去推？」

唉！現在時代不一樣了，小時候知識來源少，大家有強烈的學習動機，班上只要有人弄到一本好書，就會全班傳閱，大家都練就一副一目十行的好本領，因為後面的人會不停的催你快點看完。在沒有任何娛樂時，我們還會發揮想像力，自己編故事來自娛。

那時候的父母都忙於生計，沒時間跟我們說話，幸好有小說，讓我們從故事中學到一些人生的道理。小說裡面的人名是假的，但故事是真的，我們藉著書中人物的悲歡離合，紓解了心中的鬱悶；現在生活的人名是真的，但說的都是假話，令人沮喪！

她頻頻點頭，表示贊同。

的確，我們從看的課外書中，學到了很多做人做事的道理，猶太的經典說：「太陽底下沒有新鮮事，已有之事必再有，已行之事必再行」，閱讀帶給我們智慧，而且不管什麼人都能從閱讀上獲益。英國的哲學家、政治家培根（Francis Bacon）說「歷史使人聰明，詩歌使人富於想像，數學使人精確，自然哲學使人深刻，倫理學使人莊重，邏輯學和修辭學使人善辯，讀書能陶冶個性，每一種心理缺陷都有它特殊的補救良方」，而且現在的實驗發現閱讀跟創造力有關係，因為閱讀是發揮想像力最好的方法，而想像力是創造力的根本。我們看書是自己的想像力，但看電影是導演的想像力，若先看電影後看書，我們的想像力會被電影框住跳不出來。

講起來讀小說真是件快樂的事。我初到美國留學時常會想家，尤其碰到感恩節、聖誕節這種大節，同學都回家去過節了，偌大的校園空蕩蕩，一個人都沒有，幸好那時加州大學有個東亞圖書館，裡面藏有許多中文書，包括當時在台灣被禁的書。我就在放假前，先抱一大堆書回宿舍，再買條吐司麵包，就這樣靠著閱讀好書，忘記一個人在海外過節的孤單。

我是直到那時，才了解到alone和lonely意義的不同，它們在中文的翻譯都是「單獨」，但是你可以在人很多的派對上，覺得很寂寞，但你也可以一個人（alone），只要有本好書，就一點都不會感到寂寞，書在心靈上的陪伴有時更有勝過人呢！

我過去也從來沒有感覺到倉頡造字的偉大，讀到他造字「天雨粟，鬼夜哭」時，還覺得很奇怪，鬼為什麼要哭？現在知道人類有了文字以後，我們的智慧發展就沒有了上限，沒有什麼叫不可能了，人會取代了神的地位，所以鬼要哭了。

閱讀超越時空的限制，只要願意，拿起書來看，就能跟幾千年前的祖先對話，享受他的智慧。以前，我也對自己能夠認字，覺得沒有什麼了不起，直到後來碰到閱讀障礙的學生，才發現能閱讀真是上天無比的恩賜，閱讀使我們能將前人的經驗內化成自己的，而不需要自己去碰壁受挫；我們可以從歷史的先聖先賢身上學習他流芳萬古的道理，也可以告誡自己不能像奸臣一樣遺臭萬年。

人能夠閱讀真的不是一件容易的事，我們大腦中有語言中心，卻沒有閱讀中心。說話是本能，閱讀是習慣，因為是習慣，所以需要誘導。父母若喜歡閱讀，孩子自然喜歡閱讀，因為大腦中的鏡像神經元是一出生就在運作的！史懷哲（Albert Schweitzer）說「榜樣是教養中唯一重要的東西」，更因為它不是本能，所以更加要從小培養閱讀的習慣。

閱讀像一把鑰匙打開人類知識的門，我一直認為父母給孩子最好的禮物就是教會他認字，養成他閱讀的習慣，因為它是人類少數愈用會愈精熟而不會愈少的東西。

閱讀使我們在最短的時間內吸收到最多的資訊，因為眼睛一分鐘可以看六百六十八個字。在二十一世紀，人必須不斷的成長以跟得上時代，參加讀書會就是一個好方法。閱讀吧！它是上天給你終身受用不盡的恩賜。

運動的一舉兩得：不只是鍛鍊了身體，還對學習有益

中國是個重視智育的民族，文官的地位一向都是比武官高，就算到二十一世紀的現代，父母還是很注重孩子大腦的聰明，卻不太在乎他手腳的靈活。我曾在通識課的課堂上，請學生說出歷史上有名的文臣和武將，結果他們可以很快說出三個以上的文臣，卻說不上一個武將的名字，不過最近哈佛大學的研究可能會改變父母對運動的看法。

研究者發現母鼠懷孕時子宮的環境會影響胎兒基因的發展和編碼：母鼠若在交配前和懷孕期間大量運動的話，牠的小鼠即使不運動，還攝取高熱量的食物，也比較不會變胖和得糖尿病。這個益處可以持續到第三代。也就是說，假

如祖母是運動者，即使牠的孫子四體不勤，也有較健壯的身體和緊密的骨骼，老了也比較不會得糖尿病。

這個運動和鍛鍊有助於改善三代小鼠健康的發現真是令人吃驚。自從加拿大麥吉爾大學的神經學家米尼（M. Meaney）發現母鼠對小鼠的梳理會影響親子大腦分泌激乳素（又叫催產業，oxytocin）而這個激乳素又跟小鼠以後情緒的發展有關以後，這個「表象基因學」（Epigenetics）就受到科學家的重視。原來基因的DNA結構（即分子的序列）是固定的，但只要改變構成蛋白質的胺基酸就能改變DNA包裹的染色體蛋白質，環境可以決定基因的展現與否，這個發現真的太重要了。

其實柏拉圖在兩千年前就說，雅典的公民在二十歲以前，只要學習音樂和體育就夠了，因為音樂陶冶性情，體育強健體魄，這二個是做人的基本要件。現在更知道運動不只是鍛鍊身體，它還對學習有益。

認知神經科學家發現人在運動到心跳最高點的七〇％時，大腦會產生跟學習有關的多巴胺、血清張素、正腎上腺素和大腦內源神經滋養因子（Brain

Derived Neurotrophic Factor, BDNF）。用運動來幫助學習，尤其對有過動／注意力缺失（ADHD）的孩子非常有效：運動時產生的多巴胺作用跟藥物「利他能」的作用一樣，但藥物有副作用，而大腦自己產生的多巴胺沒有；血清素跟我們的記憶、情緒和睡眠有關，抗憂鬱症的藥——百憂解就是阻擋大腦中血清素的回收，它量多時，人的心情會好。運動可以幫助孩子減少大腦負面情緒的活化，並中斷大腦中焦慮的神經迴路。如果缺乏運動，大腦不分泌內源性的滋養因子（BDNF），它就會自行斷絕跟外界的聯結，因此自閉症的孩子特別要多去運動。

這個BDNF營養素非常重要，實驗者灑上一點BDNF到培養皿中的神經元上時，它就長出很多新的神經連接，很像植物灑上了肥料就長出新的分枝和花苞一樣。BDNF還可以幫助大腦長出新的微血管並增加長期記憶。

現在已有很多實驗證明運動對學習有益，美國芝加哥附近的一所高中讓學生早晨七點就來學校跑操場，運動完了再去上課。結果發現運動完他們的情緒比較穩定，在班上打架吵架的情形少了許多，語文學習的成績也提升不少。德國的研究也發現，學生在運動後，學習詞彙比運動前快了二〇%，因為BDNF提供了突觸所需要的營養。

此外，運動還可以增加免疫力，研究發現運動可以抑制壓力荷爾蒙皮質醇（Cortisol）的分泌，而皮質醇會壓抑免疫系統，每天運動的人比較少生病。如果孩子體能好，他會有更高的學習和心智運作效率。

大腦是用進廢退的，大腦的神經元是透過主動學習來連接的，因此用的愈多，連接的愈緊密，過去我們在學校很少看到感覺統合的問題，現在愈來愈多，有一個原因是以前的孩子下了課都在外面玩耍，如官兵捉強盜，但現在的孩子是宅在室內玩電玩遊戲。這些靜態的遊戲玩太多時，會剝奪孩子大腦對韻律、節奏的訓練和協調四肢的機會。

大腦並非像很多人以為的定型了不能改變，其實它有很大的可塑性，是一直不停的依外界的需求改變裡面神經的連接的。有一個實驗發現德國大學生在練習拋接球時，運動皮質區變大，三個月不練習，這個區域又縮小。顯示它是隨著需求的多寡而不停的改變。

但運動要有效果，必須持之以恆，澳洲的研究者找了三組受試者來做肱二頭肌彎舉（eccentric bicep curl）的實驗，做四週，一組每天做六個，做五天，一週三十個；另一組是一週一次，一次做滿三十個；第三組是一週一次，一次六個。結果發現一次做三十個的肌力沒有增強，但是肌肉量變厚了五．八%；一次做六個的沒有任何肌腱強或厚的效果；反而是一次做六個，做五天的，顯著的增強了肌肉的強度一〇%，而且肌肉的厚度跟一次做三十個的差不多。運動必須有恆，三天打魚兩天晒網不會有效。

童年大腦的可塑性最強，是學習各種運動技能最好的時候，這種程序性記憶（procedural memory）是儲存在神經連接的突觸上，練習的愈多，神經迴路愈自動化，到最後會形成第二本能。我們不要責罵孩子犯錯，實驗者在大腦中看到孩子從錯誤中學習的效果大於正確的學習，因為犯錯時，大腦各區域活化的情形比正確時還高。

運動更可以培養孩子的團隊精神。孩子需要在互動性強，如球類的運動中，學習與人相處。孩子的社會化不是跟父母而是跟他的同儕完成的。一個小時候不會跟別人玩的孩子，長大後只能去跟電玩遊戲玩，因為只有電玩這種沒有生命的玩伴可以忍受孩子重複不合理的咒罵和毆打而不離去。二十一世紀是個講究團隊合作的世紀，孩子必須學會與人合作才有競爭的本錢，而參與團隊運動就是最好的方法。

身體健康是一切幸福的根本，親子一起運動，不但有助於親子感情的提升，還可以幫助孩子學習，強化父母自己的體魄，使天倫之樂的時光更加甜蜜和長久。

思考的深度決定記憶的強度

快要期中考了，校園裡出現平常少有的緊張氣氛，一個學生來我辦公室哭，說她讀書沒有效果，明明有很努力的讀，但是書一合起來，腦筋一片空白，完全不記得剛剛讀過的是什麼東西。旁邊的二位同學也點頭說他們也有同樣的問題，不睡覺徹夜讀書，但書就是讀不進去大腦。

我聽了愕然，這是沒有用「心」讀的結果，讀書不是只有眼睛看字，最重要的是用心。大腦要去想剛剛讀的那句話是什麼意思，了解了意義，訊息才會被記住，也就是孔子說的「學而不思則罔」，如果都讀到大學了，還不知道正確的讀書方法，這是令人十分擔憂的。

研究記憶的心理學家很早就發現，只有經過思索的東西才會被記住。思的源頭是「問」，一邊讀，一邊問自己為什麼作者這樣說？這個資訊合理嗎？它跟以前的知識有抵觸嗎？當開始思索問題時，新知便被舊知接納，經過深層處理成為已知了。

因為生活周邊搶著要進入大腦的訊息太多，而大腦一次能處理的有限，因此只有被注意的訊息才會進入大腦，注意力的一個功能是替大腦選擇訊息，放大它，把它送到應該處理的大腦部位，如聽覺皮質、視覺皮質，並加深處理歷程的所有機制，注意力就是一組神經電路，放大並複製我們認為有關的訊號，如果眼睛雖然在掃描課本上的字，大腦卻在想別的事情，這個掃描到的訊息只會停留在短期記憶中，短期記憶只有二十秒左右便消失，如果沒有進入長期記憶，它的消失便是學生說的，書本一合上，腦筋便一片空白。

長期記憶有點像圖書館中的檔案匣，每次新訊息進來，圖書館員就得思考它是屬於哪一個檔案匣的？它為什麼應該歸到這個匣而不是那個匣？或許它兩個匣都合適？當大腦集中注意力在思考時，大腦腦幹的藍斑核（Locus Coeruleus）就會分泌正腎上腺素來維持注意力並把相關的神經元串聯起來，最後形成一個比原來更完整的檔案，所以思考的深度可以決定長期記憶的強度，一個深思熟慮的東西自然不會忘記。

加州大學洛杉磯（UCLA）校區的心理學教授畢約克（R. Bjork）發現在上課之前先問學生問題，學習的效果會比較好。因為問，學生便開始思考，如果不知道答案，那麼在聽講時，就特別注意，學習的效果就比較好了。

以色列有超出人口比例的諾貝爾獎得主，原來他們的教育不是給答案，而是要學生去思考出答案。以色列的孩子放學回家，父母不是問「你今天考的怎樣？」而是問「你今天學到什麼新東西？」他們的晚餐時間是親子對話的時間，餐桌旁通常都有一本百科全書，不會的問題會立刻找答案。造就了他們高的知識水準。

心理學家亨特（Earl Hunt）在「What Make Nations Intelligent?」中寫道：「每增加一年孩子的教育，國家的平均智商就上升二．七，這個教育上的差異會反映在國家的經濟成長上，它的相關為〇．四」。聯合國經濟合作暨發展組織（OECD）學生基礎讀寫能力國際研究計畫（PISA）的總監施萊克爾

（Andreas Schleicher）說「讀寫能力是二十一世紀知識社會的共同貨幣，它決定國家的競爭力」，美國前總統歐巴馬也說「今天在教育上超越我們的國家就是明天在競爭上打敗我們的國家」，教育如此重要，如果我們讀到大學的學生還沒有學會問自己問題去作思考，我們的未來堪憂了。

在苦難中發現生命的意義

時令進入小雪，二〇二二年轉眼又要過去了。三年前好像就是這個時候，新冠疫情爆發，世界大亂，我們經歷到搶打疫苗的擠破頭、徹夜排隊的買口罩、親友的驟逝、工作的消失、經濟的崩潰、徹底禁足的空城等總總不便。本來以為這苦是挨不過的，想不到也挨過去了，大丈夫可謂能屈能伸，年年難過，年年過。

這次疫情還真被老子說對了，禍福是相依的，人類濫用地球資源慘遭大自然反撲，但是這次的疫情也讓我們看到地球原來是這麼的乾淨美麗。

疫情剛爆發時，一位印度朋友來信託我買呼吸器。他說，印度疫情嚴重而且沒有疫苗，使他不敢上街去作生意，所以每天早上都睡的很晚才起床。一天，他推門去院子想透氣，卻驚訝的發現遠處竟然有座大山，山頂的白雪在陽光下閃閃發亮。他大叫他的母親出來看，他母親一看就笑著說，那就是喜馬拉雅山，她小時候天天都看到，後來空氣污染厲害，山就不見了。他說那一刻，他才知道原來這些苦是人類自找的，人不abuse這個地球，怎麼會被弄到沒有生路可走？他說他現在不再喝礦泉水，不再用塑膠袋了，希望亡羊補牢還來得及。

我看到他的信也很感慨，我也記得我小時候台灣的青山綠水。其實不只是印度，全世界人類都在abuse這個地球。這次疫情使我深刻感受到天下事，有因必有果，這些果縱然沒有立即呈現，但是以後一定會出現。人類若能因此徹底覺悟，這些苦就算有代價了。

有人疼惜曼德拉（Nelson Mandela）在獄中關了二十七年，浪費了大好人生，但是南非大主教屠圖（Desmond Tutu）卻說，曼德拉若沒有在苦牢中蹲這二十七年，他不會是今天的曼德拉。曼德拉自己也說：痛苦的深淵能造就喜悅的高峰，苦難可以打擊我們，也能提升我們，端看能不能在苦難中發現意義。沒有意義的受苦，哪怕只有一日也不能忍受，但是若能在苦中找到意義，這些苦會使人昇華。

的確，人生不可能沒有痛，但是苦卻是自取的。痛，好似人家對你射了一箭，身體中了箭當然痛，但是如果你哀天呼地，捶胸頓足，你的心痛不但對你的身痛毫無幫助，反而像人家又對你射了一箭，這第二支箭使你更痛不欲生。所以《箭經》說「痛是難免，苦是自取」。但是我們若能了解痛的來源是自己，便不會去怨天尤人，痛便會減輕。

「禍兮福所倚，福兮禍所伏」是真的，我們若能從此不再喝瓶裝水，不再用免洗餐具，多次重複的使用塑膠袋，每個人都「莫以善小而不為」的話，那麼這次的疫情反而是後代子孫之福。

在這次疫情中，醫護人員捨己救人，左鄰右舍相互幫忙，為了他人的健康，沒有人自私的脫下口罩或者到處亂走散播病毒，這些都是人性的光輝，使我們更珍惜彼此的情緣。

智者說：痛苦因分擔而減輕，快樂因分享而倍增。但願經過這次教訓後，人類懂得克己復禮，珍惜己有，這樣雖不敢說天下歸仁，但至少眾生有棲息之地後，會放過人類一馬。

讀寫能力決定國家的競爭力

五十年前秋天的一個晚上，我在加州大學心理所當助教，有一個長的很英俊的男生走進來，他先確定辦公室只有我一個人，再確定門是關的，然後很小聲的問：「你是助教吧？你是外國學生，在這裡沒有朋友吧？」我點點頭。他看了似乎放下了心，便很嚴肅的告訴我：「我不能閱讀，我來請你幫助我，請不要讓別人知道。」我聽了嚇一跳，不能閱讀是什麼意思？我從小到大，沒有碰過不能閱讀的人，只碰過很會閱讀的人。他接著說：「你學英文是有意識的學的吧？因為它不是你的母語。請你想一下，你是如何學會閱讀英文的？」我說：「先學字母，再學拼字」，他不耐煩的說「我是問你，你是怎麼學會字母的？你是動用了什麼機制，才學會這些陌生符號的？」我呆了一下，怎麼學會的？我不知道。我才第一次感到，原來把這些陌生的符號變成有意義的文字是件不容易的事，不是每個人都能做得到的。

後來才知道這叫「先天性失讀症」，全球有六％左右的孩子有閱讀上的困難。人類可以閱讀是上天的福賜，它真的不是一件容易的事，我們平常沒有去想自己是怎麼學會的，習慣把很多事情都看成「理所當然」不知道背後的原因。時間匆匆過了半世紀，現在終於有人回答「我們是怎麼學習的」這個問題了，揭曉在這本書《大腦如何精準學習》（*How We Learn*）內。

本書作者是法國著名的認知神經科學家，得過好幾個國際大獎。他跟我們的實驗室有合作，我們也曾送學生到他實驗室去做博士後研究。二〇一〇年，他寫了一本《Reading In The Brain》（中文本《大腦與閱讀》，信誼出版社二〇一二年出版），寫得很好，我便把它翻譯成中文，把閱讀的神經機制介紹到台灣來。因此，當他又寫了這本討論大腦如何學習的書時，他便請我繼續把它翻譯出來。其實翻譯也要投緣，喜歡的書可以翻的很快，不喜歡的，三年也翻不完。

本書作者狄漢教授是梅勒（J. Mehler）的學生，在波斯納（Michael Posner）的實驗室做過博士後研究，是正宗實驗心理學派的弟子，我們有很多地方的看法相同，所以翻譯的工作輕鬆愉快。比如說，我們都認為教育是大腦的加速器，知識份子的短期記憶比文盲大了二倍，研究發現多念一年書，國家生產能力提升三．六％。人類這個學習的能力可以因學校符合大腦發展的課程安排而變得更好。

他認為課程的設計很重要，因為沒有任何一個其他的動物有課程設計的能力，更不要說去教導他的下一代，把智慧傳承下去。學校這個系統化正式教育的機構，大大有效地增加了我們大腦處理訊息的能力。但是對教育，我們卻有很多的迷思，教育機構本身也有很多的缺點，現行的教育體系是工業革命時期建立起來的，但是我們已經進入了數位經濟的時代，如果不改變，還在用一百多年前的方式教育孩子，杜威說的「用過去的方法，教現在的孩子，會耽誤他明天的前途」，以後學生畢業出來會找不到工作。他在書中有詳細的討論，掌管教育的人士可以好好的看一下，因為他的論述背後都有實驗證據的支持。的確，每個人都有相同的基本大腦電路，相同的大腦學習法則，為什麼最後的成果有這麼大的不同？

本書最大的貢獻便是從實驗的證據上讓我們看到了大腦學習的歷程。他掃描出生才二個月的嬰兒（目前除了他的實驗室，還沒有任何一個實驗室做到這一點）讓我們看到孩子真的是小小科學家，眼睛一張開就像真正的科學家一樣，不停的形成假設，驗證假設，推翻假設，再形成更符合外面世界的新假設。他每二個月把幼兒園五、六歲的孩子帶到實驗室來掃描他們的大腦，看他們從不識字（法國的幼兒園沒有像我們台灣偷跑，幼兒園就在教認字、寫字，把一年級的功課給教完了）到識字，大腦皮質的改變。

他發現在第一次掃描時，孩子的大腦皮質對物體、面孔和房子都起反應，但對字母不反應，因為還不認得字。但開學二個月後，大腦對字母就開始反應了，而且反應的地方跟大人是同一個地方——左邊枕顳葉皮質。慢慢地，他們對臉的反應改換到右腦去了，改換的程度跟孩子閱讀的能力成正比。也就是說，字母的辨識占據了本來面孔辨識的空間，乞丐趕廟公，把原來的面孔辨識趕到右半球相對應的位置去了。

作者也曾掃描兩個成年後才學習閱讀的人，一個是從小失學，沒機會念書，另一個是中風，左腦視覺字形區壞掉，所以不能閱讀。在二年的定期掃描中，失學者最後發展出字母區，但是他的字母區並沒有影響他的面孔區，因為左腦的面孔辨識迴路已經發展的很牢固，趕不動了，中風者則沒辦法再創造一個新的字母區出來，因為他已經成年，神經可塑性的彈性變小，無法把他的皮質區重新變成自動閱讀的機器，所以他可以讀，但讀得很慢、很辛苦，跟剛入學的小一學生一樣。

本書在課程教學的實用部分有很多精采的論述，對站在教育第一線的老師有很大的啟發。父母若了解孩子大腦發展的過程就會了解為什麼蘇東坡的「待他自熟莫催他，火候足時他自美」這句話這麼的貼切了。的確，大腦成熟了，學習是水到渠成，大腦未成熟，趕鴨子上架，孩子會從此恐懼學習。

這是一本以實驗證據為本，告訴我們孩子如何學習的好書。它做到「有一分證據說一分話」，讓人從心裡信服，心悅誠服的去改變原有的舊觀念。教育是國家的根本，希望這本書能從大腦處理資訊的基礎上，讓所有的學生不再恐懼上學。

經濟合作暨發展組織（OECD）PISA總監施萊克爾（A. Schleicher）說：讀寫能力是二十一世紀知識社會的共同貨幣，它決定國家的競爭力！我們目前迫切需要這個競爭力。誠摯推薦各位讀者去讀這本書，了解自己是如何學習，最終成為一個知識份子的奇妙過程。

記憶交給電腦就好？

現在的學生不喜歡記東西，認為記憶交給電腦就好，何必自己費事。有一個學生說：「老師，我們現在口袋有手機、桌上有電腦，讓它們去記，不但不辛苦而且還永遠正確。有這麼好的輔具，為什麼還要自己做呢？您曾經說過『下君盡己之能，中君盡人之力，上君盡人之智』，我們應該做上君之人，盡量用電腦替我們服務啊！」其他學生都猛點頭，還有學生說，現在學測還在考記憶類的知識真是落伍一百年。

是的，我們的確應該盡量用他人之智。但是人腦的記憶和電腦的記憶不同，我們每次記憶都會促使神經元長出新的突觸連接，活化並改變大腦。同時記憶是增加神經連接密度最好的方法之一，而創造力就跟神經連接的密度有直接的關係，它是二十一世紀競爭的必要條件。

我們的短期記憶是儲存在連接兩個神經元的突觸中，重複做一個行為就會改變這些神經迴路，形成記憶。如海蛞蝓的一個感覺神經元大約有一千三百個突觸，連接到二十五個左右其他的神經元上，這裡面大約有四〇%是活躍的，假如不停的去刺激牠，突觸的數量就增加到原來的二倍以上（約二千七百個），活躍的比例也增加到六〇%。但是一旦停止刺激，這個記憶慢慢會消退，突觸量就降到一千五百個左右，但是還是比原來的多一些，如果下次再學，就比較容易。這是為什麼古人說要「慎於始」，壞習慣一旦養成，難以完全戒除。

但是長期記憶不一樣，它需要大腦合成新的蛋白質才能形成。神經學家在已經學會跑迷宮的老鼠身上注射一種抗生素，使牠們的細胞不能產生蛋白質，結果這隻老鼠就無法形成長期記憶，第二天的迷宮會走錯。蛋白質使細胞結構改變，大腦生理結構因此變化，文盲和識字人的大腦不一樣。

刺激神經元會強化短期記憶的突觸，持續強化突觸數天神經元會長出新的突觸末梢形成長期記憶，所以人的記憶是活的，不時改變，而電腦的記憶是死的，進去什麼，出來就是什麼。

同時人腦每次回憶某件事時，管記憶的海馬迴會像交響樂團的指揮，把放在大腦四處的視覺、聽覺、觸覺，情緒等記憶綜合起來，形成一個完整的記憶，所以我們聽到一首老歌，回憶出來的不只是歌的旋律，還包括當時的情境、人物、衣著，甚至房間的氣味。但電腦的記憶不能，你可以用程式指令去組合它，但它不會像人腦的記憶隨著年齡一起改變。我們每次提取記憶，每次重新啟動固化歷程，產生新的蛋白質、新的突觸末梢，使大腦永遠在活化更新中。

天道酬勤，學道酬苦，用腦去學習當然比較辛苦，但是光是多用它可以防止阿茲海默症就很值得了，更不要說神經迴路的活化會促發新的點子浮出意識界。

人腦創造了電腦，但千萬不可因此就不再用自己的腦。如果完全依賴電腦，連下班回家，都要靠GPS導航時，我們的大腦真的會像范仲淹說的「死於安樂」了。

細菌堅持不死的生命力

近年來，塑膠垃圾氾濫成災，許多海洋生物因之死亡，當保育人員解剖開鯨、海豚及鳥類的胃清出裡面的塑膠袋、瓶蓋、碎玻璃等垃圾時，那場景真的令人傷心。我們把這些令人觸目驚心的圖片拿去給學生看時，他們的表情都馬上嚴肅下來，可見人性本善，只要知道了，就會去改正自己的行為，不使其他生物因自己而死亡。

教育的確可以使環保意識抬頭，我看到好幾個靠海邊的學校開始帶孩子去淨灘，我也看到學生開始用保溫瓶裝開水來學校，不再買瓶裝水了，學生背包裡也開始有環保筷，雖然如此，全球塑膠垃圾的量仍是持續增長，令人沮喪。

研究發現單靠人類的自覺與自律，效果不彰，比較有效的方式是培養細菌去分解它，因為細菌是地球上數量最多的生物，細菌的分解應該是最有效、最低成本的清理垃圾方法。因此趁這次疫情嚴峻，不能出門的年假，我把這方面的書找出來看，自己不能去淨灘，希望也能盡一份心力，把這方面的知識和理念盡量傳播給每一個想知道的人知道。

閱讀之後，我發現細菌的研究很有趣：科學家到處尋覓，希望找到能吃塑膠或其他廢物的細菌，結果他們從被封在琥珀中的昆蟲腸子裡，找到了一億兩千五百萬年前的細菌，想不到當把這些細菌放進培養液中時，它們居然復活了，而且繁殖了起來，這種堅持不死的生命力令人由衷的佩服。

因為有人不相信細菌可以活到一億多年而不死，科學家只好再去找證據來反駁（這就是研究科學的樂趣，以為完成了，又有新挑戰出來，每每都是柳暗花明又一村）。他們的運氣很好，美國的新墨西哥州有一大片無人居住的沙漠，聯邦政府便把它用來做核廢料的掩埋場，工人在挖到地下六百公尺深處時，發現這片沙漠是遠古時期的海洋（這就是滄海桑田，大自然的變化無窮盡），海水蒸發後，鹽的結晶中有二億五千萬年前的細菌。科學家喜出望外，把它們放入培養皿中去培養時，這些蟄伏了二億年的細菌也復活了，細菌的生命力太不可思議了。原來這些肉眼都看不見的小細菌，卻比巨大的恐龍更有生命力。它小，沒有外在資源，只好靠自己求生存，它必須忍飢耐渴，以待較好時機的到來，反而活了下來。我們這些文明人崇尚大、羨慕強，仰望著大國，祈求它的保護，忘記了小反而更有力量，「楚雖三戶，亡秦必楚」。

是的，小沒有關係，只要有志氣、鍥而不捨，蟻穴一樣可以潰堤，星火一樣可以燎原。說白了，受人尊敬不在尺寸大小而在實力的強弱。

雖然科學家還在繼續找能分解垃圾的細菌，我卻從閱讀這些書中得到很大的啟發與樂趣。即使因封在家中不能出去晒太陽，也完全不在意。更因為正好在過年，我在看視頻黃飛鴻的舞獅戲中，聽到背景配音中有一句「男兒當自強」，它正好說明了細菌的這個精神。

好個「男兒當自強」，中華的兒女們當如是！

吃出健康高智能的大腦

我會想到來翻譯這本叫作《吃出健康高智能的大腦》的書是因為我偶然發現，台灣對這方面的新知有需求。

我們每個人都有個腦，但對這個腦的運作和保健卻不太清楚，所以常常事倍功半：想要健康長壽，刻意去吃很多大腦補品，結果吃的不得法，反而使自己不健康。

有一次我與同事一起去大陸出差，在旅館裡吃早飯時，我注意到他把蛋黃剔除不吃，說怕膽固醇高。我跟他說蛋黃裡的膽固醇是好的膽固醇，它會把不好的膽固醇帶走，我們的大腦需要膽固醇，因為我們的細胞膜是脂肪，神經纖維（白質）外面包的髓鞘也是脂肪，就算完全不吃有膽固醇的食物，我們的身體也會自己製造膽固醇出來，因為身體需要它。脂肪有好有壞，不能一竿子全打翻，尤其蛋黃是一個生命的起始點，裡面的營養非常豐富，不吃太可惜了。但是言者諄諄，聽者藐藐，他仍然不為所動，連續三天，不吃就是不吃，暴殄天物，聽不進最好的營養品就是大自然的食物，放著天然的營養不吃，每天去吞各種補腦丸，讓我看了氣結。我終於感受到王陽明說的「擒山中之賊易，破心中之賊難」的無奈。

另一個例子是有個教授很焦慮的寫信問我：她孩子現在有行為偏差，學習障礙，是否跟她當年懷孕時，因在寫博士論文，無暇弄飯菜，天天在實驗室吃泡麵充飢有關係？我看了大驚，泡麵比較沒有營養，懷孕時最重要的便是營養，所謂一人吃，二人補，她怎麼反而不重視營養了呢？

懷孕時的營養對孩子大腦的發育有很大關係，尤其是前額葉皮質的發育。無數的實驗說明了母親在懷孕時酗酒、抽菸、偏食、營養不足會造成孩子長大後的暴力行為和反社會人格，增加他們以後的犯罪機率。

營養不良會妨礙胎兒的大腦發育，尤其懷孕初期是長中央神經系統的時候更關鍵。母親在懷孕時營養極端不良所產生的後遺症：這些孩子行為和情緒的控制不良，有反社會人格（詳細情形請看 A. Raine 教授的《暴力犯罪的大腦檔案》〔*The Anatomy of Violence*〕，遠流出版），還比一般人早衰，心血管疾病和糖尿病比率高，尤其是肥胖症。

如果一個博士對自己大腦的知識都是如此，那麼這方面正確知識的傳播應該是刻不容緩了，所以雖然很忙，還是硬擠出時間來翻譯這本書（在科技的現代，用手寫字已經變得是不可容忍的事了，尤其我性子急，再怎麼快，六百字還是需要二十分鐘才寫得完，因此曾經決定不再翻譯書，不給自己的手找麻煩），但是看到國人瘋狂的吞地下電台賣的補腦丸，大口吃白果來補腦（白果也有微毒，不可大量吃，其實有整期的《科學美國人》〔*Scientific American*〕用實驗說明白果並不能防止阿茲海默症），就覺得還是把它當作做功德，去翻譯，把正確的新知介紹進來。我父親常說人學好不容易，學壞一次就會，野草永遠長的比稻子快。人也是一樣，忠言都逆耳，正確的話常聽不進去，電台賣藥的廣告效果卻其大無比，老人家一聽就掏錢。所以一定要先讓正確的知識進入心田，才能抵抗廣告的讒言。

本書的作者是加拿大多倫多（Toronto）大學醫學院細胞生物學的教授，專攻免疫學，是細胞分子矯正醫學（orthomolecular，大陸叫做正分子營養療法）的專家，用飲食、維他命、礦物質、胺基酸和身體中其他的自然物質來預防疾病和保健身體。這是一門新的醫療領域，用人體本來就有，且為健康所需的營養來改變人體內的生化環境，治療已有的疾病或強化身體的健康。這個效果比服藥好，因為人體自己產生的東西不會有副作用，就像用運動所產生的多巴胺來治療過動和注意力缺失症（ADHD）沒有副作用，但吃利他能（Ritalin）它的多巴胺就有副作用，因為它是化學物質。這種治療法過去被稱為另類治療法，曾經被主流排斥，但現已被接受，因為愈來愈多的研究發現當人體內胺基酸、維生素、礦物質不足時，人會生病，但是透過補充這些必要營養素的不足就能改善身體狀況，而且沒有副作用，功效出來後就開始有人相信了（醫生通常認為藥是毒，因為天下事，有利必有弊，中國的醫書也是說藥是毒，但是要看怎麼用，砒霜是毒，但是它也是一個藥引）。有些必要的營養素如維他命A、B1、B2、B3、B6、B12、C、E，葉酸等，身體不會自己製造，需要靠後天的飲食來補助。若是匱乏，身體的運作便不正常，我們的身體是個大大的生化作用場所，一環扣一環，少這個營養素作催化劑，就會影響另一個營養素的產生，書中許多臨床的例子可以供我們參考。

作者強力主張一天吃十份蔬菜水果。在台灣，這不是難事（我每次出國都會非常想念台灣的蔬菜水果，就連去美國，在超市所看到的蔬果也不過就是那幾樣，不像去逛台灣的市場，真是琳瑯滿目），因此，我們應把握上天讓我們生活在物產豐富寶島的福分，盡量多吃蔬菜水果來保健大腦和身體。

我個人沒有宗教信仰（所以我可以打蚊子和蟑螂），但是我不願因為我的口腹之慾而犧牲一條生命，所以我盡量少吃肉。想不到這居然符合了書中所說的養生之道。看來「為人點燈，明在我前」是有道理的。

遵照書中的指示，我應該會活的健康，同時使動物免於屠殺。多吃蔬果，雙方都有利時，何樂而不為呢？

思之辨

朋友是我們的另一對眼睛

歲末，這一年又將過去了。每年這個時候，父親都會要我們坐下來，把這一年發生的大事寫出來，他說，人不反省，就會自大自滿，若是有欠人錢或人情的要趕快去還，因為新年是天道循環的開始，只有好的開始才有成功的一年，寫的時候還得正襟危坐，因為檢討是件嚴肅的事，不可嘻笑。今年我正在寫時，門鈴響了，朋友拎了一籃水果來致謝，原來她家也有這個「債不過年」的習俗。

她的這一年很特別，經營了二十年的公司關閉了，豪宅賤賣了，丈夫離婚了，現在是無家無錢，卻也無債的一身輕。她說上五星級大飯店的錢沒有了，但是粗茶淡飯的錢還有，因為掙錢的本事還在。她的樂觀令我敬佩。

她是做進出口貿易的，生意本來做的很大，但是接二連三的疫情封鎖，貨出不去，海外的錢收不回來，但國內工資得發、原料貨款得付，很快她就陷入現金短缺的危機中。現金就像人體的血液一樣，再強壯的身體，血液流光就非死不可。不得已她開始向親友借貸，她認為只要撐過疫情危機，公司就可繼續賺錢。想不到事情不是如她想的，尤其本來以為是最好朋友的閨蜜，竟然打電話通知別人不要和她吃飯，因為「她會向你借錢」。她說不借沒關係，買賣不做人情在，但不能落井下石。她在看盡了人情冷暖後，決定把員工遣散、公司關閉，賣掉房子還清債務，不再煩惱。

我沒有能力借錢給她，但我能三不五時邀她來家裡吃飯，天氣好的時候，拉她去公園走走，做一個朋友能做的事。想不到這令她感到被關懷的溫暖，今天特地來道謝，並告訴我，疫情過後，她會東山再起，因為朋友還在。

我想起在研究所修「社會支持系統」時，老師要我們拿出紙寫下「半夜二點鐘，車子在高速公路拋錨，你有多少朋友可以把他叫起床，開車來接你回家？」老師說，這種朋友愈多，事業愈容易成功，當你有三個時，可以不必擔心得憂鬱症；少於一個，你是高危險群。研究發現人類演化成功取決於二個對抗災難的緩衝機制，一個是大腦，另一個是家庭，二者相互支持並強化對方的適應價值，而後者比前者更重要。

哈佛大學的研究發現，應屆畢業生的第一個工作有六四％是朋友的朋友介紹的（即使哈佛畢業，靠自己找到工作的人也只有五％），朋友是我們看外界的另一對眼睛，帶給我們不同的觀點和機會。

有個順口溜「錢財多的回家少，姿色多的穿衣少，想法多的成事少，讀書多的心眼少，心眼多的安寧少，情人多的睡眠少，朋友多的困難少，笑聲多的疫病少」。最後二句非常中肯，碰到困難時，朋友圈裡問一下，不同的朋友有不同的知識技術和不同的人脈，解決方案很快就出來了。困難解決了，笑聲就多了，病痛就少了。

今年疫情可能還過不了，但是只要有朋友，就能歡笑。對抗疫情這個方子是最有效的，就讓我們從朋友和歡笑來好好的過這一年吧！

大腦與師道

幾個碩班的畢業生連袂回來看我，說要辦謝師宴，因為他們六月畢業時，疫情緊張，突然被規定不能到校，班級就自動解散了。現在疫情稍緩，他們想聚一聚，更想告訴我，畢業後學以致用的情形。聽到這句話，我欣然赴宴，因為做老師的，最在意的就是教學的成果。

那天，一個學生說：「老師，如果我沒有上大腦和情緒的課，不知道『情緒是控制在自己手上，沒有人使你不快樂，你自己使你不快樂』，我一定也會像新聞裡那位老師一樣，每天氣到翻桌子。」

他說現在父母縱容孩子，不認為剽竊、翹課、上課玩手機、吃零食、睡覺有什麼了不起，使他氣到教不下去。品格沒在家庭教好，老師是「孤臣無力可回天」的，他在報上看到大陸考慮立法懲罰那些未能教育好孩子的家長，很希望台灣也能這樣做。

他在無奈之下，只好調整心態，把生氣的時間花去了解這些學生成長的背景，才知道這些記滿大過的學生其實是在「討抱」，想要被注意、被肯定……。他們是典型的「習得的無助」，是被學校和家長放棄的可憐人。

他記得我說過，運動會激發大腦多巴胺的分泌，提升情緒，他想：記過只會讓學生自暴自棄，因為對一個有廉恥心的學生來說，記過是人格的汙點；對一個不在乎的學生來說，它不痛不癢，反正債多不愁，蝨多不癢。他便罰學生去打掃社區。乾淨的環境和他人的讚美帶給了學生自尊。自尊帶來自重自愛，現在課堂情形已經好多了，他不需要每三分鐘就吼一聲「安靜！」了。

另一個學生說，他發現在課堂學到最多的，常是老師不經意的一句話。原來有一天，我說到每個人都有二副面孔，人前和人後不一樣，要觀察一個人最好的方式是在他平常過日子的時候。那時他喜歡學校裡的一位女老師，但家人比較贊成替他相親的那個對象。上個月，學校的工友榮民老伯伯生病了，學校派他和這位老師去探病。他說，這位老師看到屋內雜亂的情況後，二話不說，捲起袖子動手去清理浴室和廚房，臨走還跟工友伯伯道謝，說謝謝他給了她日行一善的機會。當下他非常感動，覺得這個女老師具備了「為妻的美德」，有資格做他孩子的母親。所以決定退掉家裡的相親，跟她結婚。

我聽到「有資格做他孩子的母親」這句話很感動，如果每一對夫妻都能慎重考慮做父母的資格，又何需勞動國家立法去懲罰那些不負責的父母？

家庭、學校和社會是支撐國家的三個柱梁，不但缺一不可，而且是骨牌反應，一個倒，連帶倒。目前中美角力，台灣處境尷尬，與其抱人大腿、看人臉色，不如爭氣，努力去贏得別人的尊敬。我們曾是亞洲四小龍之首，為什麼現在節節後退，退成尾巴了？

「兄弟同心，其利斷金」，父母端正行為，學校教好學生，官員負起責任……，天下只有自己最可靠，不是別人。

但願少年有知

自從手機可以拍照，而且不喜歡的馬上刪除，完全不浪費底片之後，照相就成了全民共好，出遊一到景點，不是先欣賞風景，而是立刻拿出手機「打卡」；好友聚餐，佳餚上桌，不是先動筷子，而是先拿出手機拍照。我有一個朋友卻完全相反，她從不拍照，只是靜靜的在一旁享受一切。我問她為什麼不喜歡照相？她淡淡的說：相片只有對相片中的人有意義，拍了一大堆，以後成為後人的負擔。這句話很有意思，四十年前，我曾聽過同樣的話。

一九八二年，我父親廈門大學同寢室的好朋友陳伯伯過世，陳伯伯在柏克萊的加州大學教書，父親退休來美後，不跟我們子女住，卻選擇住在跟陳伯伯同一條街，走路二分鐘的公寓裡。他聽說陳伯伯的房子要拍賣來付遺產稅，就把我從南加州叫上來，去幫忙清房子。我去時，只見陳大哥把他爸爸抽屜裡所有的東西，全部往大垃圾桶裡倒，我驚呼：「那些是照片耶！」他笑笑說：「是，我知道，但是照片只有對照片中的人有意義。」他快手快腳的把屋內所有可移動的東西都扔掉，書籍、紀念品，連衣服都一併送進垃圾桶。父親見我這麼快就清完回家，還稱讚我做事有效率。我哪裡敢說，這麼快的原因是他兒子把什麼都扔掉了呢？但是我也從此了解活在當下的意義，有美景，眼睛盡量的欣賞，有美食，嘴巴盡量的嚐鮮，因為人走時，什麼也帶不走，多拍多照只是多給後人添麻煩而已。

最近看到《遠見雜誌》中，高希均教授說「自己的晚年自己顧，自己的善終自己定」，覺得很有道理，就開始把對別人沒有意義的東西扔掉，免得家裡東西太多，走路摔倒，自己的晚年就沒辦法自己顧了。

在整理時，我看到一張早年的剪報：一根火柴價值不到一毛錢，一棟房子價值數百萬元，但是一根火柴卻可以燒毀一棟房子。一個微不足道的東西，一旦不當使用，它的殺傷力無與倫比；要疊一百萬張骨牌需費時一個月，但推倒這付骨牌卻只消十幾秒鐘；要建立一個成功的企業，需數十載的功力，但要倒閉它卻只需要一個錯誤決策；要得到別人的尊敬，需要一生的潔身自愛，但人格破產卻只需要做錯一件事。一根火柴是什麼東西呢？它就是無法自我控制的情緒、不經理智判斷的決策、冥頑不靈的個性和狹隘無情的心胸。

這篇文章一針見血的點出很多人努力一輩子卻不會成功的原因。像這種書應該不要丟棄吧？我便打電話給兒子說：媽有一些很好的書，都是金玉良言，留給你好嗎？他很客氣的說：不必，我要的書，我自己會上網去買。我很無奈，人為什麼一定要用自己經驗去換教訓呢？能用前人的智慧不是很好嗎？它是無價之寶呀！

我們跟黑猩猩只有一．五%的基因不同，但這一．五%的高明就在我們能享受到祖先的智慧，而牠們不能。

自以為是，不接受前人的經驗，大概是每一個世代的通病吧！不然怎麼會有「但願少年有知」（If only the young knew）這句話出來呢？

創造力不是無中生有，而是想到前人未想到的

初看到這本巨著（上下二本共一千頁）時有點吃驚，尤其書名為《萬物簡史》（*A Short History of Nearly Everything*），心想，這應該是星期一上班時來看的「工作」，不是週末休閒時看的「小品」。沒想到拆去玻璃紙封套後，只是偷看一眼，一看之下，整個週末就包給了它，因為太精采了，裡面很多的知識是我們讀書時有讀到，卻不知道它是怎麼演繹出來的。比如說，恐龍為什麼會滅絕？

這是我兒子小時候，每天追著我問這個問題，我不知道別的父母怎麼回答，八〇年代，沒有電腦或網路可查詢，我跟孩子說火山爆發造成的，他不相信，因為他看過電視上，西雅圖附近聖海倫火山爆發的情形，覺得恐龍不可能

這樣就死掉。過了四十年，我終於從這本書中知道了恐龍怎麼滅絕的。我把那段掃描下來寄給兒子，順便告訴他，科學家不迷信，但是科學的發現和進展的確有許多巧合的成分。誰會想到夾在白堊紀和第三紀石灰岩中那片薄薄〇．六公分的紅色黏土竟然解開了這個大謎呢？

七〇年代初，哥倫比亞大學的一位地質學家阿爾瓦雷茨（Walter Alvarez）在義大利山上看到了夾在距今六千五百萬年的白堊紀和第三紀這二層岩中有一層紅色薄土，這年代正好是恐龍滅絕的年代，他便挖了一點帶回去作化驗，結果發現這土裡含銥元素的量是其他泥土的三百倍，銥在地球上很少，但太空中很多，它有可能來自彗星撞地球時帶來的嗎？但撞擊的話會有大坑，這個坑在哪裡呢？尋找了半天，有的坑太小，有的被海水淹沒，最後在墨西哥猶加敦半島附近找到了一個直徑一九三公里，深四十八公里的大坑。但是這個撞擊足以造成地球上生物的滅絕嗎？一九九四年七月十六日天文學家觀察到彗星要撞木星，太空中哈伯望遠鏡正好可以觀察到撞擊時的情形，結果發現它所產生的能量等於六百萬顆百噸級的原子彈同時爆炸，彗星撞地球所造成的地球生態改變足以使恐龍滅絕。

這中間推理過程跟看偵探小說一樣精采，警察破案需要天時、地利、人和，科學的發現也一樣：如果阿爾瓦雷茨沒有正好去到義大利爬山，他就不會看到這層紅黏土，如果他父親不是一九六八年諾貝爾物理獎得主路易斯·阿爾瓦雷茨（Luis Alvarez），他就不會知道這泥土可能來自外太空，因為很少人知道太空中的銥是地球的一千倍，使他把注意力正確的轉向外太空去尋找原因。但是撞擊會產生大坑，地球上應該有這種大坑才對，找了二十年，終於在墨西哥猶加敦半島附近找到了一個夠大的大坑。找到了還不行，還得證明這個坑所產生的影響夠大，足以造成生物的滅絕。這時正巧天文學家觀察到有彗星要去撞木星，而太空中已有哈伯望遠鏡可以看到撞擊的情形，結果發現這個撞擊威力夠大，足以造成恐龍因此而滅絕。書中有很多這樣的例子，而且文字淺顯，過程交待清楚，中學以上的程度就可以看的懂。

很多人都以為創造力是無中生有，一九三三年，諾貝爾物理獎得主薛丁格（Erwin Schrodinger）說「創造力最重要的不是發現前人所未見的，而是在人人所見到的現象中，想到前人所未想到的」。觀察力、邏輯推理和形成假設的能力是科學家必備的條件。

作者指出科學的發現跟科學家本身的性格、行事風格有很大關係，他花了許多時間爬梳歷史上這些大師的人格特質，甚至親自去拜訪現代的科學家，使這本書不僅是科學上的發現，也有很多的人文氣息，讀起來有人的溫度。這些科學家雖然促進了科學的進展，但也有剽竊、用不光明手段阻止別人成名等事蹟，讓我們反思什麼叫偉人，更進一步了解人性。

這本書可以放在案頭慢慢看，它雖然說是簡史（short history），但是帶給你的知識比正史更多，因為它讓你看到了過程：某個觀念是從哪裡來，現在往哪裡走，更重要的是，如果你不同意，你可以去找證據來反駁，作者不斷的告訴你，科學正是用這個方式前進的。

自信與盲從

寒流來襲時，我在公車站看到一位妙齡女郎身披重裘，但是下面的牛仔褲卻有十八個洞，冷風直接從大大的洞口灌進去，皮膚凍的發紅。流行的力量真大，竟擋得住攝氏十度的低溫。

旁邊的同事也注意到了這位小姐，悄聲對我說：難怪王爾德會說：流行每六個月要換一次，因為太醜了，英國人受不了（Fashion is a form of ugliness, so intolerable that we have to alter it every six months.）。

流行常常不見得是美，更不見得適合自己，但是人為什麼會不顧一切的去追求流行呢？原來演化告訴我們，不要標新立異，鶴立雞群是危險的。實驗顯示，只要在被獵食的動物中，挑一隻最強壯的，在牠身上塗上紅油漆，那麼牠一定是下一波獵食動作的犧牲者。當獵食者衝進被獵食者群中時，那隻被標注的動物因為跟別人不同，就會被吃掉。獵食者一旦鎖定了牠，牠就沒有逃生的希望。我們小時候都有這個經驗，老師問問題時，全班都低下頭，如果你膽敢抬頭，你就是那個被叫起來回答的人。

這個從眾的力量非常大，常迫使人去做出自己不想做的行為來。六〇年代流行迷你裙的時候，我很不懂為什麼腿型不好看的女性要去穿迷你裙，把自己的弱點暴露出來。後來念到社會壓力的實驗就明瞭人會盲從，因為自信心是個很微妙的東西，它禁不起別人異樣的眼光。

這個實驗是給學生看三條直線，其中B是正確的答案，但是當三個人都答C時，人就會對自己的判斷失去信心，當第五個人也說C時，他就跟著別人一樣說C了。但是在說C時他很苦惱，會低著頭，不敢看實驗者，小聲的說C。但是為什麼要怕跟別人不一樣呢？後來念了神經學，就了解原來這是大腦在作祟，難怪回答時那麼不自在。

大腦中有幾個地方是專門評估自己和外界的關係，當它們發現自己和別人不同時，大腦內部的警鈴就響起來，登錄在我們基因上的演化功能就立刻跳出來說「你危險了，你跟別人不同，快改變」，它啟動了你不安的機制，你被迫囁嚅的說出違背良心的話。

一旦你跟別人一樣了，你的報酬系統立刻關閉警鈴，你就鬆了一口氣，但是你內心會感到羞愧，因為你背叛了良知。為了壓下這個羞愧，你會大聲的對別人說「我就是覺得C比B長」。

人的大腦是喜新厭舊的，所以人會不停的求變，時裝也就只好不停的這邊挖個洞，那邊補個邊。我們祈禱流行不要太過分，洞挖的地方不要太暴露，讓我們老師上課時，眼睛有地方可以放。

含蓄之美

疫情期間，衣食住行中，最不方便的是吃，不僅只有少數的餐廳允許入內用餐，還必須用壓克力板隔開來坐，大大減少了共餐的樂趣。不過因為必須大聲說話，讓我聽到了一個有趣的對話。

鄰桌有三位年輕女士在吃麵，一個說：以前，他約我看電影，我都拖三天才給他答覆，但只要我答應，他就欣喜欲狂，高興的不得了，讓我很感動，以為他是真心愛我。現在我們結婚才半年，他的態度便一八〇大轉彎，不但不再感激我陪他出去，還要我提議，他才想到，你說氣不氣人？

其他二人立刻七嘴八舌的講她們的經驗，結論是男生都是這樣，到手了便不珍惜，結婚前，稍微暗示一下，生日禮物就送到，結婚後，得交待，才會有……，聽她們抱怨，我心想男生背黑鍋了，其實這是大腦的問題，更是腦中的多巴胺在作祟！

演化使大腦只注意新奇、會動的東西，因為這種東西可能會致命，所以必須要注意，而熟悉的東西不會害你，因此常常視而不見。多巴胺是大腦中的正向神經傳導物質，當高興時，它會被分泌出來。不過最近研究發現，期待可能比實際得到更讓人高興。

這個實驗是燈光打亮，讓猴子知道實驗要開始了，這時牠去按桿，就有一顆葡萄乾掉下來給牠吃。牠大腦就會分泌多巴胺，使牠期待下一次的燈亮。實驗發現，葡萄乾還沒有掉下來時，多巴胺分泌的量比掉下來牠吃到時還多。原來預期才是快樂最大的原因。難怪蘇東坡會說「廬山煙雨浙江潮，未到千般恨不消。及至歸來無一事，廬山煙雨浙江潮」，預期要出遊都很興奮，真正去到了，也不過如此。這是為什麼談戀愛時最快樂，結了婚，沒有了預期和驚喜，快樂也就少了。

這個實驗的第二步是在猴子學會按桿和獎勵的聯結後，改變獎賞方式，現在只有五〇%的機率有葡萄乾吃了。結果發現，不確定會不會掉葡萄乾時，多巴胺的量比先前每次都有時還更多。原來預期還不夠，還得有不確定性才夠刺激，這個不確定性才是驅動行為的最大動力。難怪台語老歌唱人在談戀愛時，連墳墓都敢去。

中國人講究含蓄的美，以前的新娘子要蓋紅頭巾，美人要猶抱琵琶半遮面，中國的老房子進門先有個屏風，若隱若現最迷人。曾有人批評美國的《花花公子》雜誌不應放全裸的兔女郎照片，因為那讓人一眼就看到底，沒有了想像力。

原來「揭曉」是快樂的殺手，答案出來了就無趣了。唉，人性！

先體驗，有感動，才能改變

最近連續發生好幾件逆子弒親的案子，而且手段殘忍，令人不寒而慄。一位做社工的朋友傳了兩個圖檔給我：一是雨天父子撐傘的背影：父親的傘完全遮在孩子頭上，自己背上的襯衫全濕；另一是小學新生入學，因疫情關係，父母不能陪孩子進校園，幾個父母竟然趴在地上，從圍牆下的縫隙窺看；另一個爸爸則直接爬上牆頭，觀看孩子第一天入學的情形。這二張圖所顯示出的愛，令人感動。她問：民法上，從己身所出（子女）和己身所從出（父母）都是相同的一等親，為什麼「子有拋娘意，娘無捨子心」，父母願意為子女犧牲一切，子女卻很少願意送父母去好一點的養老院？

這真是好問題，感情通常是雙向的，但親子感情卻從來不對等。網路上傳：「世界有四好，德國的車好，瑞士的房好，日本的老婆好，台灣的爹娘好。」台灣的爹娘好在哪裡？「有錢，省給下一代；有力氣，替下一代帶孩子；有房子，留給下一代；有車子，接送下一代；有病痛，不告訴下一代！」為什麼父母如此呵護兒女，而兒女卻忍心拿起榔頭來敲父母的頭呢？

從演化來說，生命的目的是把自己的基因傳下去，子女達成父母生存的使命，因此父母愛子女是天性。但從子女的觀點來講，一旦長大成人，不再需要父母的保護時，父母對他就無用了，就出現「飛鳥盡良弓藏」的功利觀念。

例如最近的疫情使義大利從一個老人國一舉轉成年輕國，因為九六．三％的死亡率來自安養院的老人，他們國家的社會安全支出從一四．二七％減少到一二．三二％，這令旁邊的國家羨慕不已。原來他們把不能再事生產的老人視為累贅，忘記了他們當年的付出。

其實對父母不好的人，他們的子女將來也會對他們不好，因為模仿是最原始的學習。不知他們為什麼不怕這個現世報。

我的小學課本有篇白居易的《慈烏夜啼》，小鴉因為未能盡反哺心，晝夜悲啼不已；四川有一個六歲的小男孩，個頭都不及麵攤高，就會站在板凳上幫母親賣麵，為了使媽媽少做一點，他刷鍋、洗地，一切都搶著做，看了令人心疼。如果反哺報恩是動物的本性，那麼這些忤逆弒親的人是不是在成長的過程中，父母少做了些什麼，讓他們不懂得感恩呢？

朋友說她是直到有了孩子，半夜要起來餵奶，才知道孩子不是喝風就會長大，也說一直到做了媽媽，才知道不是天下的媽媽都愛吃魚頭。她問：這些不孝的孩子是否是父母當年太過寶貝他們，寵壞了呢？

有可能，因為沒有體驗，就沒有感動；沒有感動，就沒有改變。若不曾讓孩子了解父母的謀生不易，他們當然認為自己的一切享樂是理所當然。因此，家事一定要讓孩子分擔，做的愈多才愈有感觸，也愈會做。孩子的零用錢不要隨便給，盡量讓他自己賺賺看。只有知道一絲一縷來之不易，才會珍惜。孔子說「愛之，能不勞乎？」看起來，即使在二十一世紀，這句話也非常有道理。

「誇大的醫藥神話」與「真實的健康建議」

分享一直是品格教育的重點。我們若收到重要的訊息或好的文章會很自然的轉發跟好朋友分享。但是現在網路充斥著假新聞和假訊息，轉發不實的東西不但害人而且還有刑責，所以現在只好告訴學生盡量不要分享以免惹禍。但是分享其實是社會融洽的基礎，因此鼓勵學生盡量多看書，有知識才能判斷訊息的真偽，才不會上當。

在所有的假訊息中，最難判斷的是醫學訊息，因為它需要專業知識。我常收到一些聳動標題的假訊息，例如某花樣年華女孩吃了XX和XX（通常是常見的蔬果）後，腹痛送醫不治……，最後一定加上一句「請妥善收藏並務必轉發出去以救人命」。許多好心的朋友便會傳來提醒我不要吃XX，使我不勝其擾。幸好現在有醫生願意在百忙之中，動筆寫一本《誇大不實的醫療迷思》（*Hype*），教導我們如何分辨傳聞的虛與實。

作者是位小兒外科醫生，她在門診時，常被父母問一些匪夷所思的問題，她知道孩子小，沒有自衛的能力，父母給什麼就吃什麼，因此保護孩子唯一的方法便是教育父母，順便加惠沒有醫學背景的普羅大眾。

這本書流暢易讀，所談到的內容正中坊間各種謠言的要害。我看完後，立刻買二本送給我的朋友，一個是每天堅持喝八大杯水，另一位是風雨無阻，必走上一萬步才肯進家門。

從書中得知，「八杯水」並沒有實驗證據，它來自一九四五年的一篇文章：「成人每天應飲水二．五公升，有色人種每一卡洛里的食物需一毫升的水（不懂為何單挑有色人種？），其中大部分所需水分已包括在食物中。」大家一看到數字就開始計算是多少杯，忽略了最後一句「大部分所需的水已包括在食物中」。其實我們吃的食物中絕大部分有水，小黃瓜中有九六％的水，馬鈴薯有七九％，乾酪如Blue Cheese和Cheddar Cheese也有四六％，連阿拉伯人吃的北非小米（couscous）也有半杯水，所以不需要拚命灌水，身體中的電解質被稀釋掉反而危險。當然缺水會致命，所以適中就好。

那麼為什麼要走一萬步呢？作者發現「一萬」是日本文化的吉祥數字，它並不是根據「兒童和成人健康活動量的研究」所得到的標準。運動量應該依個人身體狀況而有不同。因此不要隨便聽信數字而產生不必要的罪惡感。

這本書對很多人來說，都很有用。有一次，我請朋友吃飯，慶祝她辛苦多年，終於升等成為副教授。我提了三家著名餐廳的名字都被她否決，理由是他們的菜都有放味精（麩氨酸）。我跟她說，我們吃的很多食物如番茄、馬鈴薯、葡萄、蘑菇、豌豆等都有麩氨酸，味精中的麩氨酸跟我們體內麩氨酸的化學結構完全相同，我還去問了專攻食品化學的朋友，她說味精可以吃，所謂會引起偏頭痛什麼的，是外國人誣蔑中國人的「中國餐館症候群」，但是完全沒有用，她仍然不敢上館子，可見除去王陽明說的「心中賊」有多困難了。不過愈是如此，愈要及早把正確觀念植入人們心中，不然野草永遠長的比稻子快。

最近疫情嚴重，很多父母在猶豫不知道要不要給孩子打疫苗時，不妨去看一下本書的第十章，了解一下打疫苗究竟是什麼意思，就知道如何作決定了。

孔子在三千年前就說，做事要不偏不倚，走中庸之道。過了三千年，中庸還是做所有事情最好的圭臬。人不應該為長壽而弄得自己憂心忡忡或精疲力倦，這本書可以去除許多不必要的罪惡感，讓我們活的比較輕鬆愉快而又維持了健康，值得一讀。

騙子為何能面不改色

現代的教學講究以證據為本（evidence-based），所以在講人性本善時，我就舉了實驗說明，人其實不喜歡說謊，就算是無傷大雅的謊言也會引起大腦厭惡中心的活化。

這個實驗是先掃描大學生聞氨（ammonia）時大腦的反應，因為臭，大腦的厭惡中心會活化起來，然後再請他們大聲唸出核磁共振儀中呈現的撲克牌，但是在看到黑桃3時，要念紅桃10。也就是說，要他說謊，但是這個謊對他人格沒有影響。結果發現，就這麼一點點的謊言，就跟聞到氨一樣，他大腦的厭惡中心就活化起來了，表示人不喜歡說謊。

說謊會引發負面情緒中心杏仁核的活化，產生瞳孔放大，心跳加快，皮膚出汗（叫做膚電反應）等生理反應，測謊器就是利用這個現象設計的。當然這裡有個別差異，不過絕大部分人說謊時會不由自主的緊張。這時有個學生問：政客在說謊時，面不改色，是否表示這個大腦的活化可以被抑制或改變？

是的。大腦神經迴路會因反覆活化而降低臨界點。

英國的實驗者掃描八十名大學生在說各種程度謊言時的大腦情形。結果發現，謊愈大，杏仁核活化的愈少，對騙的敏感度愈低。實驗者甚至可以從杏仁核活化降低的程度，預測出這個人下次要騙多大。

原來當人第一次騙時，大腦會產生罪惡感（因為人性本善），負面情緒的杏仁核會活化，愧疚之心會出來。但騙久了，罪惡感就痲痺了，杏仁核的活化就變小了，就不再有羞慚之心了。好像第一次聞香水，覺得很香，聞久了，就沒感覺了。更可怕的是，說謊是個很陡的斜坡，一旦開始往下滑後，它就一瀉千里止不住，習慣成自然後，大腦根本就不再處理它，所以騙子才能面不改色。

英國哲學家斯賓賽（Herbert Spencer）說的好，因為做了壞事，所以必須說謊，因為說了謊，就會毫不在意去做壞事，它是個惡性循環。

欺騙會改變大腦敏感度，使大腦逐漸接受不誠實的行為，當習以為常，人不再受到良心譴責時，就什麼壞事都幹的出來了，這時他指鹿為馬、信口開河，任何責任他都可以扛，反正說話不算話。而當一個社會開始容忍謊言後，這個社會就會變成一個沒有真相的社會，人的生活品質也就趨零了。所以世界上幾乎所有的民族都重視誠實，所有的文化都不允許說謊。

研究發現，要阻止謊言唯一的方式，便是零容忍，即使不重要的事也不容忍說謊，才能杜絕在重大事情時的欺騙。

美國總統甘迺迪曾說「真相最大的敵人不是謊言，而是虛構，一個具有說服力的不真實故事」。一九九八年五月十七日的《紐約時報》上有一篇文章：在政治上，真理的追求是個創造力的歷程，第一，你創造出個假設，然後，你創造出數據來支持這個假設，你一次又一次地重複這個假設，創造出一批又一批的信徒，直到媒體注意到，這時，你創造了一個事實。到這個時候，因為謊話已經說了一千遍，連大腦都失去分辨的能力了，它就變成真了。

不負責任的諾言、虛假的謊言可怕的地方就在此！

能放下才有未來

「原生家庭」是現在很紅的一個名詞，但它其實就是我們從小長大的家庭，換了這個名字後，便帶有負面的情緒，成為有些人情緒發展不良或行為偏差的替罪羔羊。

前幾天，有二個拿了某基金會助學金的學生來找我，解釋他們不能完成當初領助學金的諾言，現在要休學的原因。兩個人的理由都是因為原生家庭有缺陷（父親酗酒家暴，母親離家）使他們沒有自信，人際關係不好，男女感情受挫，不能專注在課業上，所以要中輟。

我聽了很不以為然，不要把什麼都歸罪到別人身上。我知道加拿大麥吉爾大學米尼（Michael Meaney）的老鼠研究有發現幼年的經驗會深入到ＤＮＡ

的層次，改變大腦。但人和動物不同，人是萬物之靈，人有意志，人可以超越並改變環境。丹麥哲學家齊克果（Søren Aabye Kierkegaard）說：「生命只有走過才能了解，但往前看才活的下去。」沒有人的原生家庭是完美無缺的，人可貴的地方就在人有智慧，可以掙脫束縛，挑戰劣勢，可以出汙泥而不染，可以憑自己的努力去開創新環境，過去的種種不幸已經隨著自己的成長變成過去式了，而未來的卻還等待自己去成就，為什麼要緊抱著已逝的過去不放，寧可犧牲可有作為的未來呢？

台灣最近有個高中生窮到連口罩都買不起，但他卻考上六個國立大學；大陸有個孩子，父親有精神病，母親癱瘓在床，他暑假得去工地打工揹磚頭，卻能以七百四十四高分考上清華大學；奧運跳水冠軍的全紅嬋，家貧，長到十四歲沒去過動物園、遊樂場，最想吃的竟然是五毛錢一包的辣條，她卻沒有沮喪，用奧運金牌的獎金替她母親治病。人若不找藉口，方法多的是，人若自怨自艾，一條活路都沒有。演化為什麼使人的眼睛長在前面不長在腦後，就是要人往前看，所謂太陽照在朝著它前進人的臉上，你若背著太陽，當然感受不到希望。

其實人生決定於你的態度，態度就是你看待事情的方式，中國人說「塞翁失馬焉知非福」，很多人的童年雖然不幸卻也使他們在逆境中成長，變得比同儕更成熟，也早學會自立。人只要願意朝好的地方看，便會發現人生處處有溫暖，只要自助，總會有人伸出手來幫助，最後因此成就人生，這個「自助，人助，天助」是不變的道理，若一開始不願自助，後面兩個助便不會出現。人生真的沒有白走的路，每一步的挫折都會化成成功路上的助力。

我跟這二位同學說：態度決定人生的高度，韌度決定人生的廣度，不要執著於已經發生的事，昨天的太陽再好，晒不乾今天的衣服，放下過去，往前看，自己的人生要靠自己去打造。

學歷與文憑真正的意義是什麼

俗語說「好事不出門，壞事傳千里」，一位久不聯絡的美國教授突然傳簡訊來：「聽說貴國的官員一定要有碩博士學位，是真的嗎？」我很驚訝，台灣的論文事件竟鬧到國外也知道了，便立刻回覆：「當然不是，憲法規定只要是中華民國公民，滿二十歲就可以出來擔任公職。請問您是怎麼知道此事的？」

他說：「我正在酒吧跟一位教授喝 happy hour 的馬丁尼，他跟我聊到的（美國酒吧下午五點到七點半價）。不過我也奇怪，如果不是必要的門檻，為什麼你們的官員要冒這個險呢？誠信是政治人物的罩門，是最後的底線。

他接著說美國總統很少有高學歷，有些甚至沒有念過大學。「我們有個總統詹森（Andrew Johnson）是裁縫，手藝不錯，還替肯塔基州的州長做過西裝；我們還有個總統費爾摩（M. Fillmore）是farm boy，十幾歲了，才有機會上學，後來跟教他識字的老師結婚（法國的馬克宏不是第一個，哈哈）。學歷和能力有什麼關係？他們只要品德好，能得到人民的信任就行，我們聽到貴國的論文事件都很驚訝。」

他的信點出了一個核心問題：如果學歷不是門檻，為什麼這些政客甘冒大不諱去洗學歷？

原來是我們的社會太虛榮，太崇拜高學歷，所謂「楚王好細腰，宮中多餓死」，大家只要看每次放榜，補習班，甚至學校本身，都掛出「狂賀XX同學考上XX大學」的紅布條就知道了。

教育部不是一直在宣導孩子讀什麼學校不重要，讀進去的東西才重要嗎？為什麼考上學校要「狂賀」？考進名校只是個開始，離他以後的成就還有十萬八千里遠，用「狂賀」這兩個字太早了點吧？這些現象代表了我們社會對文憑的看重，所以人們才會不計一切的去洗文憑。

其實放眼台灣，真正撐起經濟半邊天的是中小企業。他們的董事長、總經理不見得都有高學歷，但是他們有實力，令人不敢輕視。他們不出貨，全世界很多工廠都要停工。可是明明是實力勝於學歷，為什麼我們仍不為所動？

有一次我坐公車經過台北火車站前的補習班，看到一幅巨大廣告「考上公職幸福一生」，心中很不以為然。因為人生不是只有溫飽，還需把自己天賦的能力發揮出來，才不辜負此生。

報登有人考了二十七年終於考上高考，當大家「狂賀」他時，我卻替他悲哀，因為：大學畢業二十二歲，服兵役二年二十四歲，準備高考二十七年，考上時已經五十一歲，工作沒幾年就要退休，人生都蹉跎掉了。這樣一生有幸福嗎？

穩定的工作是現實，但是年輕人應該有夢想、有抱負，先去闖闖看，給自己一個機會，而不是一心想著捧鐵飯碗，等因奉此的過一生。

台灣的社會的確很進步，但進步的只是物質的享受而已，科舉廢了一百年，我們還在「萬般皆下品，唯有讀書高」。希望這次論文門的事件能讓大家好好的反思一下學歷與文憑真正的意義是什麼。

敬業，才能樂業

最近在報上看到一個八十四歲的老人家，騎了十一公里的腳踏車去中鋼「請假」，原來他已失智，忘記了自己已經退休不需要上班了，但四十年的工作責任心深烙在他腦海中，使他雖失智，還是知道不能來上班，一定要請假，要有職務代理人，才不會誤公事，因此堅持去公司請假。一般失智的人會失去空間觀念，常會迷路，但是因為他四十年都是走同樣的路，因此跨上腳踏車後，就像識途老馬一樣，騎著騎著也給他騎到了公司。看到這位老先生對工作的執著，著實令人敬佩他的敬業精神。想到現在的年輕人動不動就用「承辦人員不在」來推托，真是非常的感慨。

敬業是做好任何一個工作的基本要求。就算不喜歡這個工作，只要在這個位子上，就要把它做好。好幾個職場的研究都發現只要敬業，最終都能從工作中找到意義，變成樂業。

我記憶最深刻的是一九六九年，美國紐約市一位下水道檢查員退休，結果洛克斐勒（Nelson Rockefeller）州長、林賽（John Lindsay）市長都親自參加他的歡送會，因為他敬業，三十四年不曾請過一天假，就連聖誕節、感恩節、復活節這種大節日都一樣戴上頭燈帽、穿上水蛙裝去上工，逐一檢查二百個抽水機。

下水道當然很臭，但是他知道紐約的電話線、電纜都在地下，只要有一台抽水機短路，海水淹進來，整個曼哈頓就會停擺。他的責任心使他三十四年如一日，跟台灣的老先生一樣，盡忠職守，敬業樂業，人不論職務貴賤，只要敬業都值得人尊重。

這件事還有一個很令人感動的地方，就是中鋼公司也很厚道，對工作四十年老員工也很有感情，因為現在請假作業已經電腦化不再用紙本了，但是中鋼公司在了解情況後，就特地請人事室打了一張請假單給這位老先生，讓他安心的回家去休息。這個溫馨的小動作跟老人的敬業一樣讓人感到人間到處有溫情。

很多人不了解，中鋼為什麼要去製作一張早已廢除的請假條給這位老先生。其實，真正的孝順是不要對老人家說理，不要跟他爭辯或責罵他，不要說「現在已經不用請假單了，沒有就是沒有，我沒有辦法」，尤其是失智的老人家，他是聽不懂的，真正的孝順，是想辦法滿足老人的需求。「孝順孝順」，重點在「順」上，不使父母生氣，快樂平安的過日子，這就是最大的孝了。

這則新聞讓人看了一天心情都好，是為記。

暴露效應的力量

選舉到了，街上又滿是候選人的看板和旗幟。有學生問：老師，您不是說，再不注重環保，地球會沒有未來嗎？這些看板旗子製作起來應該很貴吧？它們在選完後都是廢料，這不是很不環保嗎？

這的確不環保，但是對候選人來說，它有「暴露效應」（mere exposure effect），因為人喜歡熟悉的東西，看熟了，選舉時，可能會投他一票。演化使我們對新奇有興趣，但比較相信熟悉的東西。

有個實驗發現，先給大學生看一張快速閃過的圖片，速度快到他們都沒有察覺到，然後要他們在新舊二張圖片中選一張他喜歡的，結果他們會去選那個自己都不知道有看到的圖片。學生聽了都非常驚訝，假如沒看到，怎麼可能影響判斷呢？會的，這就是潛意識（subliminal）效應。

這個實驗是請二十三名畫家選出十幅他們受委託所畫的畫和十幅非受委託的畫，去給藝術評鑑家作創意的評鑑。結果發現受委託的畫比自由創作的評價低。但是這些畫都是畫者自認的代表著，為什麼還會有這個差別呢？原來被委託作畫時，心中不自覺有綁手綁腳的感覺，這是完全不自覺的，但是創意就減低了。

還有一個很有趣的實驗是在公司茶水間的牆上貼一張眼睛的圖片，結果，喝自助咖啡不投錢的人數就減少了。原來當人覺得沒有人在看時，貪小便宜的劣根性就使他倒了咖啡就走，沒有投錢。但是牆上多了一個眼睛後，雖然這個眼睛是看不見的，但潛意識中，人會覺得不安，於是就投錢了。

也有不肖商人花錢雇人在商店門口排隊，路人看到這麼多人排隊，潛意識覺得這家的麵包／咖啡應該很好，不然怎麼有人願意去排隊？自己也就不自覺的加入隊伍去排了。

五十年代心理學家艾胥（S. Asch）做了一個很有名的實驗：一個人站在

紐約市的街角仰頭看天，沒有人理他，但是當三個人都仰頭看天時，大家就停下腳步也仰頭看天了。因為過去的經驗告訴他，一個人的判斷可能會錯，但是不可能三個人都同時出錯，於是就盲從了。

很多時候，潛意識無法用意識去控制。有位婦產科醫生說，他有好幾對身體健康但不孕的夫婦在放棄懷孕，準備去領養後，就自然懷孕了。他認為可能是身體在潛意識的生育壓力去除後，放鬆下來，因此受孕，這種真正的放鬆和喝紅酒、坐郵輪那種有意識的故意放鬆不一樣。

這也是為什麼無名的恐懼最恐懼，因為你不知道它是什麼，就無法去對付它。同時，一個人做三次壞事跟三個人做一次壞事，後者對孩子的影響力更大，因為那是眾力。因此學校的校風很重要，好的校風會使孩子「蓬生麻中，不扶自直」。

這次選舉有比過去更激烈的抹黑、造謠令人擔憂，因為年輕人的自信心還不足，又沒有足夠的社會經驗，很容易附合眾人以求得認同，真的很怕這種低劣的社會風氣潛意識的影響學生的品格。

古人告訴我們防微杜漸是必須的，培養孩子禮義廉恥這些基本的正確價值觀來抗拒大環境的污染是刻不容緩的了。

那些孩子教我的事

看獅子老師的書是一大享受，這年頭做老師不容易，沮喪的時候多，欣慰的時候少，尤其在報上看到老師叫學生撿垃圾，結果被學生用鐵椅打破頭，縫了十幾針的新聞時，更覺得沮喪。幸好看了獅子老師的書，才覺得教育還是有希望，老師這個行業還可以繼續撐下去。

我在吳寶春剛剛拿到法國麵包冠軍時，請他來陽明大學演講，他當時非常的緊張，說不知道要對醫學院的學生講什麼。我說：「孔子云『三人行必有我師』，每一個人都有值得別人學習的地方，你只要講你為什麼拿得到烘焙冠軍就好了。」因為我知道他會成功是他準備了百分之二百才上陣的。果然，當他講完後，學生站起來standing ovation，給他最熱情的掌聲。獅子老師這本

《那些孩子教我的事》給我的感覺就像吳寶春在陽明大學的那場演講，你看完後，很想起來給她standing ovation。

這本書的名字我很喜歡：「那些孩子教我的事」，的確，學生是老師的鏡子，有時我們從學生身上學到的東西，不亞於學生從我們身上學到的。本書應該是從部落格中收集起來的文章，短小精煉，每一則都有一些發人深省的話。我常常看到一句話會不由自主笑起來，因為我雖然比她大了一個世代，但早期台灣的社會並沒有太大改變，她的句子常會喚起我小時候的回憶，例如她說：「排隊上台比小朋友一起排隊打預防針，還令人興奮」，在那保守的年代，生活非常的平淡，光是排隊去保健室打預防針就令我們興奮很久，因為在上課時間，居然可以出到教室外面來，而不受體罰，多麼的難得，回家都會向媽媽報告。又如學生彈「情人的眼淚」彈的不好，變成「老師的眼淚」，令人莞爾，這是所有老師無奈的心聲。

書中講到一些獅子老師求學時的逸事，很值得現在學生借鏡。其實學習是辛苦的，學成之後才是快樂的。現在很多孩子不肯下苦工打基礎，一心只要

「快樂的學習」，這是緣木求魚。看到連獅子老師這種有天分的鋼琴家都還會被老師罵哭，天下哪有不勞而獲的東西？不吃得苦中苦，焉能成為人上人？

獅子老師出道後再去學大提琴，跟著其他小朋友一起上台表演，是活到老學到老的好例子。一個人能有機會去學他想學的，還能學的很好是個福氣。教學本來就相長，從這本書中，進一步看到終身學習的意義。

在獅子老師的鋼琴教學上，我看到「因材施教」的效果，只是不懂為什麼在學校的教學上，我們反而退步了？怎麼可以用同一把尺去衡量所有的小朋友呢？愛因斯坦說的好，「用爬樹去衡量一條魚，這條魚終其一生覺得自己是個笨蛋」。

感謝獅子老師把稿子寄給我看，讓我在下飛機，疲憊了一天後，有個愉快的閱讀夜晚，這是難得的享受。

寧可少年苦，不要老來窮！

朋友打電話來：「我決定自己上梯子換燈泡，如果你五分鐘後沒有我的消息，就幫我報警。」原來她家客廳的燈泡壞了，但因為是挑高的建築，椅子不夠高，必須爬梯。一個坐七望八的人怎麼敢爬梯子呢？但是換燈泡是個小工程，找不到人來做，好不容易有人說「好，好，等我有空就來替你換」，她等了二週也沒等著有空的人。無奈何，決定自己換，事前先給自己打氣：「求人不如求己，老人當自強，想當年，我是校隊。」話雖如此，今早仍然打電話來囑咐，表示還是有害怕。我幫不上忙，只能叫她梯子下面鋪點枕頭棉被，她說：「這當然，我四周已經排好沙發墊了。」

不知為何，我想起大陸文革時，傅雷夫婦不願受辱、決定上吊，他們在椅子底下墊了棉被，生怕踢翻椅子時，吵到樓下的人。這兩件事風馬牛不相及，但帶來的感覺卻是一樣辛酸。唐朝的王昌齡說「悔叫夫婿覓封侯」，現代的我們是悔讓孩子去留學。孩子書讀的好，父母面上有光，但是當年的喜卻變晚年的愁，被迫成為獨居老人了。

李四端先生曾在節目中問我：「老友、老伴、老本哪個重要？」不用說，當然是老本重要。《尚書洪範》中的五福是「富、壽、康寧、攸好德、考終命」。富排在第一，有錢，老了才不會討人嫌，長壽才有意義。所以老時口袋要鬆，出去吃飯老爸付錢，週末自有兒孫回來探望；嘴則要緊，孩子不問，千萬別開口，縱有萬般經驗，憋死也別說。

說到富，這是為什麼當年政府年金改革，公教人員拚死也要上街去抗爭，人最怕就是老了，做不動時，衣食無著落。身為公教人員若想有外快，多半會犯法，因此唯有靠勤儉立命，勤能有餘，儉則無匱。只是這個勤儉需從小養成，由奢入儉難，老了再來學儉是很悲慘的。看到現在年輕的月光族，不免替他們的未來擔憂，寧可少年苦，不要老來窮，年輕時沒流的汗，到老時，會變成淚流出啊！

勤儉是個好習慣，自己動手做一向是學習最快的方式，只要心態正確覺得多做是自己賺到，便不會抱怨。早期的師徒制，師傅很少把著手教，都是自己眼睛看，心中揣摩，從錯誤中學習。從錯中學的道理法國的神經學家狄漢（S. Dehaene）在大腦中看到了，他發現當學生答錯時，他的大腦會馬上活化起來：為什麼錯了？錯在哪裡？活化程度遠比答對時還多。所以他主張錯誤要立即回饋，避免錯誤的神經迴路形成緊密的連接後改不過來。

天道酬勤，這是千古不變的道理，儉是珍惜已有的，不去奢求沒有的，「窮」這個字很有意思，就是在屋頂下弓著身子，人窮志短，在人屋簷下，哪能不低頭？幸好孩子只要體驗過一次匱乏的滋味後，馬上學會節儉。

人是一定會老，卻不一定會成熟，要能有尊嚴的老，年輕時得學會勤儉，「但願少年有知」那是我們做老師的責任，「但願老者能為」，那是我們的福氣，老了要能動，考終命，像英國伊莉莎白女王一樣，那才叫福壽雙全。

學以致用才是教育的真諦

在學校的餐廳裡，看到一個女學生因跟男友嘔氣，把男友端來的飯菜，當著眾人的面，整盤倒入垃圾桶，然後揚長而去。我在旁看的目瞪口呆，這不只是遷怒，還是暴殄天物。一個人念到大學了，怎麼還這麼沒有修養，不但當眾發脾氣，還遷怒到食物上頭，把可以吃的飯菜倒掉？難道沒讀過「四海無閒田，農夫猶餓死」的詩？長到這麼大，為什麼不懂得感恩，不知道自己能夠吃上一口白米飯是多麼的福氣，還如此糟踏？我餘怒未消的回到辦公室，我的同事聽了哈哈大笑，說我在實驗室待太久了，不知道現在年輕人的習性，套句流行的話語，就是我不接地氣，少見多怪了。

不過他笑完後，轉為正色的說：如果你帶現在的大學生去菜市場，你覺得有幾個能分辨得出韭菜和蔥？如今年輕人四體不勤、五穀不分不是例外，是通病了。

我想起曾經在報上看過一個新聞：一個父親出去打工，留了二百元給孩子當餐費，結果姊弟四人去超商買便當，一頓就把所有的錢花光，第二天只好去超市偷竊。當社會大眾在責怪父親沒有盡到照顧孩子的責任時，沒有人想到，其實二百元若會好好用，是可以維持二天的溫飽的，因為一打雞蛋、一斤麵在當時一百元可以下的來，尤其豆芽是最便宜的菜，始終都是十元一包，只是愈來愈小包而已。

現在的人幾乎都不在家吃早飯，都是去外頭買飯糰、三明治，還邊走邊吃，這其實對健康不太好。或許是現在的速食店太多了，現在的父母也較少在家開伙，導致孩子除了泡麵，不知道如何餵飽自己的肚子。我曾見過高二女生不知米要先洗過才能煮，煮出一鍋黃飯。其實早年，小學一年級的孩子就會淘米煮飯了。只要正確的教，動用瓦斯爐並不危險，自己做飯便宜了很多，也比較衛生。

我問了幾個研究生，對於不開伙每天外食的看法，沒想到她們居然都認為外食沒有什麼不好，省時又省事，只要多挑點青菜就可以顧到健康了。她們從來沒有想過，如果有一天沒有外賣店了，自己怎麼生活？有一個還開玩笑說：「沒有關係，嫁個有錢的先生，就有佣人燒給我吃了」。

我聽了她們的態度很感嘆，懂得照顧自己是我們教育的一大目標，最起碼不使自己成為社會的負擔，當然更希望他們行有餘力，還能去幫助別人。我問她們：「你們都不下廚，以後你們的孩子長大後，會有『媽媽的味道』來想念你嗎？」

我們這一代負笈國外留學，午夜夢迴時，想念的是媽媽的手藝，以及在家的溫暖。這個家庭的支持支撐過我們無數寒冬的苦讀，是我們拿到學位的動力。我們也因為自己會做飯，懂得買時令的菜，僅用個位數的美金便可以過一個禮拜，在極少的獎學金情況下，不但維持了自己的生活，還可以寄一些回台灣，幫助弟弟妹妹付學費。

自己動手做這是勤儉，孩子從小學會勤儉，以後的日子才不會苦。曾經有個遊民說「我媽捨不得我吃苦，所以我不懂得吃苦，我不懂得吃苦，我吃了一輩子苦」。人不會苦一輩子，但總會苦一陣子，如果逃避苦一陣子，那就很有可能會苦一輩子。不管家境富裕與否，照顧自己的能力是第一要學會的，世事難料，人無百日好，花無千日紅，會永遠比不會好。

至於遷怒，這是個很不好的行為，表現出的是個人的修養，古人常問：讀聖賢書所為何事？不就是不遷怒，不二過嗎？看來我們的教育，至少在生活教育，尤其是品德這方面，還有很多需要著力的地方。

不要從「躺平族」變成「老貧族」

台灣金融研究院在二〇二二年的研究報告中說台灣有四三・六%的二十—二九歲年輕人金融素養極低，尤其是財務管理的能力。我看了很憂心，因為從跟學生的談話中，我的確感到他們的金錢觀念有偏差，很多抱著「今朝有酒今朝醉，明天的煩惱明天煩」的態度，覺得做月光族很愜意，完全無法看到老來衣食無著落的苦景。

我在美國讀書時，曾經一週只有美金五元的生活費，受盡入不敷出的辛苦，為此，我在上「大腦與生活」的課時，跟學生講「量入為出」的重要性，告訴他們儲蓄是觀念的問題，人只要能區分出想要和必要的差別，再怎麼窮，一天存一毛錢，都可以做到儲蓄。

有一個實驗是請大學生填問卷，問他們每個月願意存多少錢做為將來的退休基金。一組是先看一個養老院的生活短片，另一組是看登山社的風景短片，看完後請他們填，結果前者願意存一〇%的薪水，而後者只願存二%。

人在年輕時往往想不到自己會老，更不會想到自己會有旦夕禍福的一天，總覺得退休是很遙遠的事，意外怎麼可能發生在我身上。殊不知，光陰飛的比箭還快，轉眼就到「高堂明鏡悲白髮」的時候，面對「朝如青絲暮成雪」的自己，若手頭空空，那才真是晚景淒涼。

我警告學生說，「躺平族」以後會變成「老貧族」，學生哈哈大笑說：「老師不要擔心，此處不留爺，自有留爺處，處處不留爺，爺爺家中住。」我頓時明白，原來儲蓄的關鍵在父母身上，這些媽寶以為可以依賴父母一輩子。

靠山山倒，靠人人跑，請父母趕快教孩子管理財務，免得老大徒傷悲。

這些病人教我們的事

德文有一個字「Zeitgeist」，英文中沒有適當的詞來翻譯它，大致來說，這字指的是當時的時機、社會的風氣、人民的接受度……。我在研究所上心理學史的課時，因為實驗心理學源自德國的萊比錫學派，老師就直接用德文的這個字來描述當時心理學為什麼會和哲學分家，想晉升到「硬科學」（hard science）的領域去（老師說本身是科學的領域，如物理和化學，就直接說「Physics, Chemistry」，但愈不是科學，卻愈要想是科學的，就會在名字後面硬加上「science」，如社會科學〔Social Science〕、政治學〔Political Science〕、圖書館學〔Library Science〕等等，想想真是非常有趣）。我當時的領會是：若是時機未成熟，再好的實驗、再強的證據也會被埋沒。二〇〇五年諾貝爾生醫獎的得主馬歇爾（Barry Marshall）的遭遇便說明了Zeitgeist的重要性。

馬歇爾在一九八二年就發現細菌是造成胃潰瘍的原因，但是沒有人相信他，在國際會議上，大家都嘲笑他，逼著他用自己的生命去證明他是對的。在一九八四年，他喝了一碟培養皿中的細菌下去，三天後症狀出現，去照胃鏡時，看到胃在發炎而罪魁是Helicobacter pylori（幽門螺旋桿菌），還連照三次胃鏡給別人看，科學家才開始接受胃潰瘍是細菌引起的，可以用抗生素治療，而不是拚命喝牛奶。但一直到二〇〇五年，他才拿到諾貝爾獎（他若沒有活的夠長，這獎也拿不到），可見Zeitgeist的重要性。

我提到這段歷史是因為在《自癒是大腦的本能》（*The Brain's Way of Healing*）這本書中所提到的大腦自我修復的新觀念很像當年馬歇爾所經歷的挫折，即使事實擺在眼前，人們仍然不相信，因為「大腦定型了不能改變，神經細胞死了不能再生」（這是神經學的祖師爺，一九〇六年諾貝爾生醫藥獎得主卡哈爾〔S. R. Cajal〕在一九一三年所說的話）還根深柢固在人們的腦海中。其實早在二十年前，就有實驗顯示大腦是一直不停在改變的。大家只要想一想，病人復健會有效就是因為大腦可以改變，不然幹嘛去復健？勞民又傷財。復健當然痛苦，但是沒有辛苦怎麼會有收穫？它的確是有效的，所以諾曼．多吉（Norman Doidge）的第一本書《改變是大腦的天性》（*The Brain That Changes Itself*）一出版我就立刻翻譯它，把它介紹到台灣來，希望對中風和因意外事故而腦傷的病人有所幫助。

《改變是大腦的天性》是少數暢銷的醫學科普書，因為觀念新、文字流暢清楚（這對專業的醫生來說，是很難得的），已被譯成十八種語言，而且一直是亞馬遜的「Top Books」。時隔八年，現在續集第二本《自癒是大腦的本能》出來了，專門講病人如何利用大腦的可塑性和自己想要復原的意志力，去鍥而不捨的堅持運動和做復健來幫助自己痊癒，這個方法對巴金森症、注意力缺失過動症、自閉症等病人都很有效，若不能說復原到百分之百，至少可以自理生活，過有尊嚴的日子，不必事事依賴別人。這本書一出來時，我也立刻動筆將它譯成中文，希望有這些病的人和他們的照顧者能從書中得到希望，因為有希望才可以堅持下去。

這本書寫的方式跟上一本不太一樣，用的是病人的故事，從發病開始，詳細介紹疾病惡化的過程和治療的方法，這些細節對病人和家屬非常有用，他們可以對照著書來比較自己的情況，讓自己知道自己現在哪一個階段，應該如何去復健。醫生平常多半沒有時間跟病人詳細解釋病情，這本書可以幫助病人自我教育，它的效果有點像團體治療，知道別人也有這個痛苦，自己的痛苦可以減少一些，看到別人怎麼堅持下去，自己的毅力也會增強一些。

本書對台灣的讀者應該都很有用，裡面的病例都是平常有接觸到的，尤其是第八章。因為台灣現在過動注意力缺失的孩子很多，各種亞型自閉症的孩子也不少，很多父母都感到求救無門，既怕耽誤孩子治療的黃金期，又不知道該怎麼做才好，若台灣也有這樣的醫生，從減少孩子大腦內的噪音著手，使他們的大腦神經元恢復同步發射，孩子就能過正常生活。書中這些病人說的「好似幾百台收音機同時發出白噪音」的情形，有偏頭痛的病人一定很能感同身受。這種一點小聲音在大腦中被放大成幾千萬倍，真是苦不堪言，也難怪這些孩子會去撞牆、打頭，做出奇怪的動作來。最近有一本自閉症孩子自己寫的《我想變成鳥，所以跳起來》（*The Reason I Jump*），可以呼應最後一章中那些孩子的奇怪行為。了解到孩子背後的原因就不會責怪他們，也就知道如何對症下藥。

這本書是少數知識性大、可讀性高，又跟你我生活都有關係（因為我們都有個大腦）的好書，本著好知識應該分享的心態，我在三個月內努力把它譯出來了，我由衷的希望這本書能帶給有這些情況的病人一盞明燈，別人做得到，我們也做得到，現在治療的方式找出來了，就請好好的去復健吧，舜何人也，予何人也，有為者亦若是！

「師」和「匠」的差別

大學甄試入學委員會日前公告，一一二年的繁星推薦入學，除了台大的醫工和土木系之外，頂大工學院的其他科系都不再採用國文成績了，理由是他們發現，國文程度跟理工科學生以後的專業發展相關不高，如果學測國文成績僅在個位數的學生也能申請上頂大的資電科系，為了搶人才，他們就捨去了對國文成績的要求。

我看了這個消息很是驚訝，一個人在辦公室裡做的事決定他的收入和地位，但在家裡所讀的閒書，所做的事才是決定他是何等人。人文素養可能跟他的專業無關，卻跟他是個什麼樣的人有關。人除了專業之外，還是個人，專業很好，沒有修養，只能算是「匠」，不能稱作「師」。

過去社會大眾一直把人文和科學對立來看待，不了解科學和文學其實是哲學這棵樹長出來的二個枝：哲學是所有理性之本，強調的是邏輯思維的方式，科學是，文學又何嘗不是？

一個好的科學家，他的文學素養一定好，例如一九八〇年諾貝爾物理獎的費曼（Richard Feynman），他清晰的文字表達能力使他的《別鬧了，費曼先生》（*Surely You're Joking, Mr. Feynman*）到現在仍是暢銷書。

一個好的文學家他的邏輯思考也一定很清晰，因為讀者和作者常不在同一個時空線上，作者若沒有好的敘事邏輯，讀者不能了解作者在講什麼。

因此，把人文和科學用二分法對立起來是錯誤的，歷史上，有影響力的哲學家，哪一個不是好的科學家？達文西是，笛卡兒也是。

曾有一個家長在看到孩子的博士學位證書上面印著Ph. D（Doctor of Philosophy）時大為不滿，高聲抗議：我孩子明明念的是工科，為何給他哲學博士？

這種謬論令人感嘆，「萬般皆下品，唯有理工高」的錯誤觀念竟是如此的根深柢固。其實人在衣食無缺後，必須找到生命的意義，人生才會滿足。語文能力不好，不能閱讀，他的心靈怎麼昇華呢？

文字是個符號，跟數學的符號一樣，都是代表內在的思維。數學能力是科學的根基，國文能力也是人文的根基，兩者都是用符號來表達理念，是與人溝通的工具。現在團隊合作是必然，而團隊中，溝通能力很重要，詞不達意不但會誤事，還會壞事。國文訓練的便是簡潔表達出意念和邏輯推理的能力，更何況只有從廣泛的閱讀中，孩子才能悟出他的人生觀和價值觀。

教育的目的除了培養專業，更是培養有健全人格的公民。不要為了吸引幾個國文不好的學生（實在很好奇，考自己每天用的語文怎麼可能考的只有個位數？），倒洗澡水時，把嬰兒也潑出去了。

永續地球，需要每一個人都努力

每年開學的第一天，我都會告訴學生，所裡有飲水機，請他們帶瓶子來裝，我不希望他們買礦泉水喝，既浪費錢又不環保。我們只有一個地球，要留一點青山綠水給後代子孫。學生通常聳聳肩說：知道啦！但是瓶裝水很方便，少一個他也省不了幾個寶特瓶，一個人的力量太小，即使不喝也於事無補。

我是非常反對這個態度，總是跟他們說「莫以善小而不為」，還特別在所辦公室內掛了一張「行善如春園之草，不見其長，日有所增；行惡如磨刀之石，不見其損，日有所虧」，希望能改變他們的看法。不過學生的話也點出一個事實，有些事一個人做不來，需要群策群力。

過去，我們的宣導重點在假設每個人把自己做好，這世界就會美好。忘記了世界需要每個人都環保，它才可能永續生存。在看到《17個改變世界的方法》（*17 Ways to Save the World*）這本書之前，我也忽略了永續發展竟然是這麼需要政府的參與，才能竟全功。從書中舉出的項目，如「讓所有人民接受良好教育」、「消弭一切形成的貧窮」、「確保水源安全」，幾乎沒有一個不需要政府制定政策，用公權力去執行才可能達標。

想想我們真的是很不應該，人類不知道從什麼時候開始，肆無忌憚的揮霍地球資源：入夜，城市燈火通明，夏天室內冷氣冷到要穿毛衣，人們即使二步路的近距離也開車，大量的使用能源。我們在享受現代科技所賜的文明時，沒有去想這些資源是有時盡的，我們不但把自己的配額用光，連子孫的都挪來用了。現在雖然知道了緊迫性，但是壞習慣已經養成，要改變它，唯一的方式是把環保觀念內化成良心的一部分，當我們隨意丟棄寶特瓶、塑膠袋、浪費電時，我們要產生罪惡感，罪惡感是最有效的驅力，只有當環保觀念成為我們的第二天性時，地球才會有救。

這本書的十七個目標是達成永續的必要步驟，它可以同步進行，但是它需要政治力做後盾，從最近幾次大的全球自然災害，我們迫切需要動員全民去監督政府，用公權力去達到拯救地球的重大使命。

歷史的靈魂

人物是歷史的靈魂，是他們創造了歷史。但是學校教的近代史不但內容少，裡面的人物更少，除了名字，沒有介紹他們的生平，還有更多應該知道的名字連提都沒提。講起來，我們的近代史有讀跟沒讀，沒什麼差別，很是可惜。

清代思想家龔自珍說：要滅人之國必先去其史。沒有了史，就沒有了民族認同，不知道自己是誰時，自然不會為這個國家而戰了。所以所有的國家都非常重視自己的歷史，獨有我們台灣，歷史被視為冷門科目，課本也被刪到薄的不能再薄。我們雖然知道要為自己是中國人而自豪，卻不知道要自豪些什麼，因為歷史課本講的多是朝代的更替，沒有一個活生生、有血有肉的人來做我們的典範。對一個成長在二十世紀的青少年來說，我們知道成者為王，敗者為寇，但為什麼他成了王而別人淪為寇？他跟別人的差別在哪裡？也就是說，我們讀歷史是要能向歷史借鏡，但我們讀到的多半是死的典章制度，或許這是台灣的歷史課引不起學生興趣的原因。

其實不僅是歷史課本不願多談事情發生的原因，就連經歷過抗戰的父母也多半不願談那個時期的事情。但是愈不說明白，我們就愈好奇，尤其是那些大陸淪陷時，來不及逃到台灣的人，他們的名字都被冠上個「匪」，成了大人嘴裡的「噤聲」。我不明白，為什麼不讓我們知道這些創造我們歷史的人物，讓我們自己來判斷他們是不是匪？比如說，我們的歷史課本有講到二次大戰時英國的敦克爾克大撤退，但是我們卻不知道自己國家也有這樣壯烈的「宜昌大撤退」。這些人的貢獻那麼大，歷史怎麼可以忘記他們？

主持宜昌大撤退的盧作孚先生是個不折不扣的愛國英雄，他跟鄭國的弦高一樣，但是弦高只是犧牲了十二頭牛，他卻賠上了整個身家性命。

抗戰初期，他以個人的輪船公司擔起了「宜昌大撤退」的重任，在四十天內，把二百七十萬軍人、三十萬噸武器彈藥和十萬噸生產機器全部搶運到重慶。如果沒有他，不要說別的，就這三十萬噸的武器和彈藥落入日本人手裡，我們的抗戰還要怎麼打？

若沒有這本《今文觀止》，把清末民初這些重要人物彙集在一起，傳述下他們高貴的人格與情操，我們哪裡會知道他們的貢獻與犧牲，更不要說被後人所景仰了。八十高齡的張作錦先生為了「不容青史盡成灰」，廢寢忘食的收集散失已久的資料並親去探訪這些名人的故居和紀念館，經歷多年辛苦才寫成這本書。在抄襲氾濫的現在，這種做學問的態度值得我們敬佩與效法。

這本書所記載都是我們應該知道卻不知道，或是只知道一些皮毛的人物。講起來真是太汗顏了。我們當年沒有知識來源，頂多是從《傳記文學》中，知道一點民國初年的名人逸事。但那時因為牽涉到的人物都還活著，為怕惹禍上身，作者在下筆時，寫的很隱諱，好似白居易的「猶抱琵琶半遮面」，許多細節得自己去推敲或想像。這也是為什麼五十年代，李敖的文章會在學生間那麼爆紅。他的文筆犀利，許多所謂「大逆不道」的觀點是我們以前想都不敢去想的，加上他是讀歷史的，閱讀過一些敏感的史料和禁書，因此雖然學校不准我們看他的《傳統下的獨白》，但同學們仍然私下瘋狂的傳閱他的文章。

愚民或朦蔽政策是危險的，父母避談、學校不教，反而使我們對中國近代史更好奇。在這方面知識一片空白的我們，一到美國，第一件事便是去大學的東亞圖書館把那些禁書統統抱回宿舍看。我記得當時看到一排排手被綁在背後，跪在地上的山西老百姓被日本兵拿大刀砍頭的圖片，真是非常的憤慨，只恨自己國家不強，讓人民受到日本人的這樣殘殺與荼毒。也終於了解為什麼抗日戰爭一結束，我父親排除萬難，千里迢迢趕回家鄉去祭祖，原來這就是「王師北定中原日，家祭勿忘告乃翁」，他要告訴祖父：您沒有白死，我們中國勝利了呀！

其實一九七〇年代釣魚台運動在美國會鬧的那麼大，遊行人數會這麼多（甚至有外州學生開幾天幾夜的車趕來華府參加遊行），就是因為沒有人跟我們解釋為什麼我們政府沒有像歐洲國家一樣向戰敗國要求賠償，而是以德報怨，寬恕了日本人（這是不對的，孔子不是說「以直報怨」嗎？以德報怨，何以報德？），血債沒有血還，沒有為千千萬萬被日本人殺死的同胞復仇，我們心中不甘願，所以強烈反對政府對釣魚台態度的軟弱，釣魚台成為一個受日本氣多年的中國留學生的出氣口，大家上街去喊「頭可斷，血可流，中國領土不可失」，很多優秀留學生後來因政府不敢對日本強硬而失望左傾，以致後來不能回台灣。假如當時的教育可以把歷史攤在陽光下，讓我們這些戰後出生的學生了解大陸是怎麼丟的、國家是怎麼偏安的，或許我們當時的態度不會這麼偏激。

國家諱言這段歷史，使我們對在那個時代的人物陌生，不知道他們是這麼的值得我們尊敬和效法，真是太罪過了。

從書中看到那個時代值得我們敬佩的人太多了，比如說，主持商務印書館的張元濟先生就是一位。

思想是改變一個人最有效的方法（所以台灣的課綱才會一直在改），教育是立國的根本，書本是教育的工具，一本好的教科書可以啟發無數學子的思想，尤其在書本紙張缺乏的民國初年，很多人更是只有一本教科書可讀。商務印書館的張元濟先生有鑑於此，請了第一流的學者，編印了國中小的教科書，替中國教育的現代化打下了基礎。我小時候，家中有套商務印書館的國文、中國歷史、中外地理，以及格致、修身等教科書，那是我外公在雲南辦學時帶回來的，書中詞句典雅，意義深遠，尤其所含的民族正氣是現在任何一本教科書中都看不到的。其實只要看一個印書館能走出十位大學校長就知道它的分量，目前全世界還沒有哪一家出版社抵得上。張元濟先生對中國教育的貢獻怎麼可以被遺忘？

在這本書中，幾乎每一個都是看了令人感動落淚的人物。我心中的第一名便是譚嗣同。我曾在「大腦與品格」的課堂上，舉譚嗣同為例，談什麼叫高尚的品格：戊戌變法失敗後，他有機會逃走，但是他沒有，他說「不有行者，無以圖將來，不有死者，無以召後起」，不去做，當然沒有未來，但一犯事，自己馬上逃去日本偷生，讓別人去砍頭送命，怎麼還會有人願意再接再厲的去革命？既然是革命，就要有流血犧牲的準備。他的絕命詩「我自橫刀向天笑，去留肝膽兩崑崙」令人動容。從來都是慷慨殺身易，從容就義難，譚嗣同就義時才三十四歲，他被慈禧下令，用鈍刀砍了三十二刀才斃命，卻不曾哼一聲。真正是一位頂天立地，了不起的中華男兒！

那天我自己是講解的熱淚盈眶，學生卻無動於衷，因為他們根本不知道譚嗣同是誰，印證了詹姆士．密契納（James Michener，一九四八年普立茲獎得主）說的，「一個國家的未來取決於那個國家的孩子在少年時所讀的書，這些書會內化成他對國家民族的認同、生命的目的、人生的意義和他對未來的理想。」我們的孩子在人格成長的關鍵期，缺少了可以效法的典範，一個人沒有了典範，就不知道自己要成為什麼樣的人，就不會朝著這個方向去前進，最後就成了唯唯諾諾的庸人。這個後遺症在今日政壇上可以明顯看到。

我以前常用作文寫不出來為藉口，希望母親給我錢去買閒書，母親總是以「你把《古文觀止》讀好，就什麼文章都寫的出來了」來打發我。現在張作錦先生的《今文觀止》出版了，我也想跟學生說：你們把這本書讀好，就知道你是怎麼來的，更知道你要往哪裡去，你身上流的中國血會讓你挺得起腰桿子，抬得起頭來，因為你知道你是這些可歌可泣英雄的子孫！

國家圖書館出版品預行編目(CIP)資料

如何跟上變化多端的世界/洪蘭著. -- 第一版. -- 臺北市：遠見天下文化出版股份有限公司, 2023.02
面； 公分. -- (心理勵志；BBP475)

ISBN 978-626-355-121-3(平裝)

1.CST: 文集

078 112001404

心理勵志 BBP 475

如何跟上變化多端的世界

作者 — 洪蘭

總編輯 — 吳佩穎
責任編輯 — 張立雯
封面暨版型設計 — 鄒佳幗
封面攝影 — 廖志豪
內頁排版 — 邵麗如

出版者 — 遠見天下文化出版股份有限公司
創辦人 — 高希均、王力行
遠見・天下文化 事業群榮譽董事長 — 高希均
遠見・天下文化 事業群董事長 — 王力行
天下文化社長 — 王力行
天下文化總經理 — 鄧瑋羚
國際事務開發部兼版權中心總監 — 潘欣
法律顧問 — 理律法律事務所陳長文律師
著作權顧問 — 魏啟翔律師
社址 — 臺北市 104 松江路 93 巷 1 號
讀者服務專線 — 02-2662-0012 ｜傳真 — 02-2662-0007；02-2662-0009
電子郵件信箱 — cwpc@cwgv.com.tw
直接郵撥帳號 — 1326703-6 號 遠見天下文化出版股份有限公司

製版廠 — 中原造像股份有限公司
印刷廠 — 中原造像股份有限公司
裝訂廠 — 中原造像股份有限公司
登記證 — 局版台業字第 2517 號
總經銷 — 大和書報圖書股份有限公司｜電話 — (02)8990-2588
出版日期 — 2023 年 2 月 24 日第一版第 1 次印行
2024 年 2 月 16 日第一版第 5 次印行

定 價 — NT400 元
ISBN — 978-626-355-121-3 ｜ EISBN —9786263551312（EPUB）；9786263551329（PDF）
書 號 — BBP 475
天下文化官網 — bookzone.cwgv.com.tw

天下文化
BELIEVE IN READING